U0578699

当代语言学理论丛书
Contemporary Linguistic Theory Series
主编 Chief Editors
黄正德（哈佛大学）
James Huang (Harvard University)
许德宝（澳门大学）
De Bao Xu (University of Macau)

计算语言学导论

Introduction to Computational Linguistics

翁富良　　王野翊　　著

中国社会科学出版社

图书在版编目（CIP）数据

计算语言学导论／翁富良，王野翯著．—北京：中国社会科学出版社，
1998.9（2023.5 重印）

（当代语言学理论丛书）

ISBN 978-7-5004-2080-4

Ⅰ.①计…　Ⅱ.①翁…②王…　Ⅲ.①统计语言学　Ⅳ.①H087

中国版本图书馆 CIP 数据核字（1998）第 01118 号

出 版 人　赵剑英
责任编辑　任　明
责任校对　季　静
责任印制　张雪娇

出　　　版　中国社会科学出版社
社　　　址　北京鼓楼西大街甲 158 号
邮　　　编　100720
网　　　址　http://www.csspw.cn
发 行 部　010-84083685
门 市 部　010-84029450
经　　　销　新华书店及其他书店

印刷装订　北京君升印刷有限公司
版　　　次　1998 年 9 月第 1 版
印　　　次　2023 年 5 月第 5 次印刷

开　　　本　710×1000　1/16
印　　　张　12
插　　　页　2
字　　　数　192 千字
定　　　价　48.00 元

2015 年改版说明

　　《当代语言学理论丛书》（下称《丛书》）2015 年再次改版的原因大概有四个：一是内容的更新。自 2004 年《丛书》再版以来又是十年过去了，语言学理论又发生了变化，有些新的东西需要补写进去。另外，有些作者、编委的工作和联系方式也有了变动，这次改版时都进行了更新。二是市场的需要。《丛书》自 1997 年初版和 2004 年再版以来，一直受到读者的欢迎，有的也一直被作为语言学课程的教材，比如《简明语言学史》、《当代社会语言学》、《生成音系学——理论及其应用》、《语言获得理论研究》等。这次改版就是为了满足市场需要，继续为语言学课程提供不同的用书。三是补遗勘误。比如《简明语言学史》的《前言》在初版和再版时都不慎丢失，致使读者对翻译的背景、版权、缘起、作者和朗曼出版公司的大力支持等都不慎了解，这次改版，就把丢失十几年的《前言》"还原"进去，为读者提供了这方面的信息。再有错印、漏印之处这次也都加以改正，比如《生成音系学——理论及其应用》一书的勘误就有 16 处之多。四是调整版本尺寸。这次改版的版本从原来的大 32 开改成了小 16 开，读者会发现小 16 开本比大 32 开本容易读得多。

　　最后，希望这次改版能继续为国内外语言学理论的研究、教学、介绍和交流起到积极的作用。

《当代语言学理论丛书》主编

黄正德　许德宝

《当代语言学理论丛书》再版前言

　　中国社会科学出版社根据读者的要求，决定再版《丛书》。再版首先是包括增加《丛书》的书目，从第一版的八种增加到现在的十二种；其次是修订增补第一版各书的内容，根据不同学科的进展，增加新的章节；最后是借再版的机会改正第一版中的印刷错误。

　　《丛书》再版，首先得感谢读者，没有读者的热情支持和鼓励，再版《丛书》是不可能的。其次是感谢编委，也就是《丛书》的作者们。没有《丛书》作者们的辛勤劳动和丰硕的研究成果赢得读者的欢迎，再版《丛书》更是不可能的。另外，特邀编委的热情支持和帮助、责任编辑以及社科出版社的鼎力相助也是《丛书》得以成功的原因之一。在此一并致以衷心的谢意。

　　较之第一版，再版增加了《关联：交际与认知》、《音系与句法的交叉研究》、《音段音系学》和《历史语言学：方音比较与层次》四种书。如在第一版前言中所指出，《丛书》前八种书主要覆盖美国语言学系研究生（博士、硕士）的八门必修课。再版时增加的四种书属于选修课或专题研究的范围。编委的工作单位有的有了变化，再版时作了相应的改变。特邀编委有的已经退休，再版时还按以前的工作单位列出。

　　《丛书》再版，错误、疏漏仍在所难免，敬请专家学者批评指正。

　　最后，希望《丛书》的再版能在国内外语言学理论的研究、教学，以及介绍和交流等方面再次起到积极的作用。

《当代语言学理论丛书》主编

黄正德　许德宝

序　言

　　语言学自乔姆斯基以来，对认知科学、心理学、医学、电子计算机以及人工智能等学科都产生了巨大的影响，成为人文科学的带头学科。只要在国外走一走，就会发现几乎所有的大学都设有语言学系或语言学专业。语言学理论不但对语言学系的学生至关重要，而且也是心理系、教育系、社会学系、认知学理论乃至计算机系的学生必修的基础理论课。乔姆斯基的语言学理论为什么对人文科学和社会科学的影响如此之大？他的什么变革使本来默默无闻的语言学（理论）一跃而成为认知科学、心理学、电子计算机以及人工智能等学科的奠基理论？这不是一句话能说清楚的。要回答这个问题，得从现代语言学的立足点说起，系统介绍现代语言学的基本理论和研究方法、研究对象、研究范围以及研究结果等。不说清楚这些问题，现代语言学在人文科学中的带头作用和对社会科学的巨大影响也就无法说清楚。有系统有深度地介绍现代语言学理论，这就是我们这套丛书的编写目的。

　　要系统介绍现代语言学，各种理论的来龙去脉都得交代清楚，某种理论的发生、发展、不同阶段以及各个流派之间的关系都要说清楚。不能只把一种理论搬来，不管它的过去和与其他理论的联系，那样会让人不知所云。在系统介绍的同时，也要把各种理论的最新研究成果写进去，并评价其优劣不同以及对现代语言学研究的贡献等，做到有深度，有系统、有深度，这是我们介绍的第一个原则。介绍的起点一般是以乔姆斯基与哈利的《英语语音系统》（1968）为始，介绍的终点就是今天，介绍时以八九十年代发展起来的语言学理论为主，所以这套书叫作《当代语言学理论丛书》。

　　要介绍现代语言学并不容易。中国台湾、新加坡、中国香港等地的学者有很好的经验。他们介绍的特点就是把现代语言学理论与汉语的研究结合起来。这样理解起来方便得多，效果也就比较好。单纯介绍，不谈在汉语中的应用，结果理论还是死的东西。我们这套丛书也本着这一点，在选材和编写上都强调在汉语中的应用，尽量用汉语说明。汉语与某种理论不相关的时候，才用其他语言中的例子。这是我们介绍的第二个原则。

我们的第三个原则是以介绍美国语言学理论为主。美国是现代语言学研究的中心，也是生成语言学的发源地。要介绍现代语言学就离不开这个发源地。所以从选材上来讲，我们以美国语言学系研究生（博士和硕士）的必修课为标准，包括语言学史、句法学、音系学、语义学、心理语言学、社会语言学、历史语言学、语言获得理论、计算机语言学与人工智能等。有些新兴学科和边缘学科就放在主要学科中介绍。比如神经语言学归入了心理语言学，音系与句法的交叉研究归入了音系学，语义和句法的交叉研究归入了语义学等。

应该指出，有些学者一直在致力于现代语言学的介绍工作，比如黑龙江大学、上海复旦大学、天津师范大学的学者等。我们希望这套丛书能与他们的研究结合起来，起到使国内外语言学研究接轨的作用。

《当代语言学理论丛书》的编写开始于1993年，由著名句法学家黄正德教授全面负责，许德宝协助作主编工作。编委大都是在美国语言学博士而且有教授语言学经验的学者，一般是在讲义的基础上增删整理成书。但即使是如此，也都得付出很多的劳动。我们也请了在美国教授多年的语言学家、汉学家和有在国内外介绍现代语言学经验的学者作为顾问，帮助我们把这一套丛书出好。在此向他们谨致谢意。我们还得感谢中国社会科学出版社对这套丛书的大力支持，特别是责任编辑及其他有关同志的辛苦工作，不然这套丛书也不能和读者见面，在此也一并致以谢意。

《当代语言学理论丛书》编委会

1996 年 7 月于纽约

《当代语言学理论丛书》
Contemporary Linguistic Theory Series

主　编
Chief Editors

黄正德（哈佛大学）

James Huang（Harvard University）

许德宝（澳门大学）

De Bao Xu（University of Macau）

编辑委员会
Editorial Board

Yan Jiang（Ph. D. in Linguistics,University of London;Polytechnic of Hong Kong）

靳洪刚（美国伊利诺大学教育心理学博士、澳门大学人文艺术学院院长）

Hong Gang Jin（Ph. D. in Educational Psychology,University of Illinois at Champaign

　　Urbana; University of Macau, Dean of FAH）

李亚飞（美国麻省理工学院语言学博士、威斯康辛大学语言学系教授）

Yafei Li（Ph. D. in Linguistics,MIT;University of Wisconsin,Madison）

林燕慧（美国德克萨斯大学语言学博士、州立密西根大学中文及语言学系

　　教授）

Yen -hwei Lin（Ph. D. in Linguistics,University of Texas at Austin; Michigan State University）

陆丙甫（美国南加州大学东亚语言博士、南昌大学中文系教授）

Bingfu Lu（Ph. D. in East Asian Languages, University of Southern California; Nanchang Uni-

　　versity）

潘海华（美国德克萨斯大学语言学博士、香港城市大学中文、翻译及语言

　　学系教授）

Haihua Pan（Ph. D. in Linguistics, University of Texas at Austin; City University of Hong

　　Kong）

石定栩（美国南加州大学语言学博士、香港理工大学教授）

Dingxu Shi（Ph. D. in Linguistics, University of Southern California; Polytechnic of Hong

　　Kong）

侍建国（美国俄亥俄州立大学中国语言学博士、澳门大学中文系教授）

Jianguo Shi（Ph. D. in Chinese Linguistics, Ohio State University; University of Macau）

宋国明（美国洛杉矶加州大学罗曼语言学博士、威斯康辛劳伦斯大学东亚

　　系教授）

Kuo -ming Sung（Ph. D. in Romance Linguistics,University of California at Los Angeles, Law-

　　rence University, Wisconsin）

陶红印（美国圣巴巴拉加州大学语言学博士、美国洛杉矶加州大学东亚系

　　教授）

Hongyin Tao（Ph. D. in Linguistics, University of California at Santa Barbara; University of

　　California at Los Angeles）

王野翊（美国卡内基-梅隆大学计算科学院计算语言学博士、华盛顿州微软

　　研究院研究员）

Ye-Yi Wang（Ph. D. , in Computer Science, Carnegie Mellon University; Microsoft Research

Institute, Washington)

翁富良（美国卡内基-梅隆大学计算科学院计算语言学硕士、加州罗伯特技术研究中心研究员）

Fuliang Weng（M. A. ,in Computer Science,Carnegie Mellon University；Robert Bosch Corporation, California）

吴建慧（美国伊利诺大学语言学博士、台湾暨南大学英文系教授）

Mary Wu（Ph. D. in Linguistics, University of Illinois at Champaign-Urbana；Taiwan National Chi Nan University）

谢天蔚（美国匹茨堡大学外语教育学博士、长堤加州州立大学东亚系退休教授）

Tianwei Xie（Ph. D. in Foreign Language Education, University of Pittsburgh；California State University, Long Beach）

徐大明（加拿大渥太华大学语言学博士、澳门大学中文系教授）

Daming Xu（Ph. D. in Linguistics, University of Ottawa；University of Macau）

许德宝（美国伊利诺大学语言学博士、澳门大学中文系讲座教授）

De Bao Xu（Ph. D. in Linguistics, University of Illinois at Champaign-Urbana；University of Macau）

张 乔（英国爱丁堡大学语言学博士、新西兰奥克兰大学东亚系教授）

Qiao Zhang（Ph. D. in Linguistics, University of Edinburgh；University of Auckland, New Zealand）

特邀编辑委员会
Guest Editorial Board

前　言

　　语言是反映人的思维的最重要的一面镜子，又是人与人之间交流的最重要的媒介。对语言的研究，是一个经久不衰的古老课题。几千年来，中外学者从语言与思维、语言与现实的关系等不同角度，在词源、注释、分类、语法等各个方面开展了广泛的研究。近一两百年来，西方学者在逻辑学、数学和分析哲学方面的成果，大大推动了语言形式化的研究。而随着计算机科学的发展，建立语言的形式化计算模型成为语言学的重要课题。计算语言学作为以形式化的计算模型来分析、理解和处理语言的科学也就应运而生。而信息革命的展开，更使计算语言学的研究达到了一个空前的程度。

　　如果说纸的发明对人类文明的继承光大有着巨大作用的话，那么语音和语言技术的发展，将对人类各语种之间的交流，各文化体系间的促进与提高至关重要。语言和语音技术为语言文本和会话的检查、理解、合成、翻译、重组，提供了有效的自动化工具，使得靠人工进行的信息交流和信息处理能够逐步地为具有智能的语言技术所取代。在信息革命使世界日新月异的今天，计算语言学的发展成为我们是否能够跟上世界潮流的一个重要因素。这一点应该激起广大研究人员的高度紧迫感，同时也应该获得科研基金组织和工商界有识之士的重视，对计算语言学的研究给予长期的大力支持。

　　本书的作者希望此书的出版能够对国内计算语言学的发展起到一定的促进作用。由于篇幅和作者水平的限制，我们不可能面面俱到地覆盖整个领域。我们在选材时一方面注重本领域的基础性的经典工作，希望读者阅读理解后能够举一反三，用于解决实际问题；另一方面我们侧重于介绍一些当前国际计算语言学界的研究重心，希望有关的研究人员能够站在该领域的前沿。

　　本书的对象是大学计算机专业、数理统计专业及语言学专业的高年级学生或研究生，与计算语言学有关的科研人员，以及其他有兴趣的读者。由于计算语言学的综合性特点，如有条件，作者建议组织多学科的兴趣小组，相互交流，共同提高。

　　本书第 2 章第 1 节、第 3 章、第 4 章、第 5 章、第 6 章、第 7 章由翁富良撰写，第 1 章、第 2 章第 2、3 节、第 8 章、第 9 章、第 10 章由王野翊撰写。

作 者 介 绍

翁富良 斯坦福国际研究所语音技术和研究实验室研究工程师。1984年毕业于复旦大学计算机科学系。在1984—1989年间，师从吴立德教授进行模式识别和自然语言理解方面的研究。1989年，赴卡内基—梅隆大学机器翻译中心继续自然语言理解的研究。1993年，在新墨西哥州立大学获硕士学位。自1994年起，在斯坦福国际研究所的语音技术和研究实验室从事语言、语音模型研究。先后单独或与同事合作在一些专业杂志和会议上发表论文20余篇，曾获1986年国家教委科技进步一等奖，第三届中国国家自然科学四等奖。

王野翔 1985年于上海交通大学计算机科学与工程系获学士学位。后师从上海交通大学孙永强教授和中科院数学研究所陆汝钤研究员进行自然语言处理的研究，并于1988年获上海交通大学计算机科学与工程系硕士学位。1992年于美国卡内基—梅隆大学（Carnegie Mellon University）获计算语言学硕士学位，现为卡内基—梅隆大学计算机科学学院语言技术研究所（Language Technologies Institute，School of Computer Science）博士候选人。主要研究课题包括统计学机器翻译、语言模型、语言学习、神经网络。

目　　录

第一章 计算语言学简介

什么是计算语言学?《大不列颠百科全书》给出如下的定义:

计算语言学是利用电子数字计算机进行的语言分析。虽然许多其他类型的语言分析也可以运用计算机,计算分析最常用于处理基本的语言数据——例如建立语音、词、词元素的搭配以及统计它们的频率。

该定义的第一句是无可非议的。然而,后一句则是过时的,因为计算语言学的发展已使它的主要研究领域大大地超过了建立搭配和统计频率。

现代计算语言学是通过建立形式化的计算模型来分析、理解和处理语言的学科。它是一门边缘科学。它综合了语言学、逻辑学、心理语言学、计算机科学、哲学、人工智能、数学和统计学的研究成果,将它们运用于电子计算机的语言分析。这种语言分析包括了语言学的所有领域:语音学、形态学、语法学、语义学、语用学。计算语言学被广泛地应用于信息检索、语音识别、机器翻译。

第一节 计算语言学是一门边缘科学

计算语言学综合了语言学、逻辑学、心理语言学、计算机科学、哲学、人工智能、数学和统计学的研究成果:

语言学 语言学告诉我们字词是如何结合成短语和语句的,语言的结构是怎样的,什么样的限制使得我们能够从一定的语句结构中推导出语句的意义。以乔姆斯基(N. Chomsky)为代表的生成语法学派更是为计算语言学提供了形式模型,如正规文法和上下文无关文法在计算语言学中得到广泛的运用。语言学的研究为计算语言学提供了关于语言的基本知识。

心理语言学 心理语言学是研究人是怎样处理和理解语言的科学。

它解释人是怎样识别语言的结构，怎样理解字词的意义，怎样通过学习获得语言能力的。心理语言学的成果为计算语言学提供了模拟人脑的语言处理功能的基础。最典型的例子就是心理语言学对语言歧义现象的研究为计算机理解语言时的歧义化解（ambiguity resolution, disambiguition）提供了有效的方法。

计算机科学　由于计算语言学是使用计算机进行语言分析的，计算语言学的研究也不可避免地要运用到计算机科学的知识。计算语言学家必须了解哪些问题是计算机可以解决的，哪些是不可以的（可计算性），哪些问题计算机是可以很快、很有效地解决的，哪些问题尽管理论上计算机是可以解决的，但是实际上由于时间和计算机存储空间的限制，计算机几乎无法解决（算法复杂性，NP－完全问题），以及如何高效率地使用计算机解决问题（算法设计）。当然，计算语言学家还必须了解如何使计算机按照他所设计的算法去解决问题（计算机程序语言和程序设计）。

哲学和逻辑学　哲学研究什么是语言的意义，一个语句是如何获得意义的。它告诉我们词句是怎样和现实物质世界相关联的。逻辑学和模型论更是直接提供了形式化地表达意义以及进行推理的方法。

人工智能　人工智能为计算机处理语言提供了有效的工具。人工智能中的搜索方法被广泛地用于语言分析，知识表达提供了使用计算机存储语言信息的方法，机器学习的研究为计算机自动语言学习提供了很多启示。

数学、统计学和信息论　计算语言学的研究，尤其是基于语料库的统计学研究方法，需要许多数学、统计学和信息论的知识。数学分析的方法被应用于大量的计算机语言处理的实际问题。在本书中我们还将看到，信息论中的一些基本概念，如熵（Entropy），相对熵（Relative Entropy 或 Kullback－Leibler Divergence），互信息（Mutual Information），被广泛地运用于计算语言学。

第二节　计算语言学研究的基本问题

计算语言学几乎包括了语言学研究的所有层次：语音学、形态学、语法学、语义学、语用学的知识在计算语言学研究中都起着重要的作用。

1. 语音学（Phonetics）　语音学研究词和其相应的语音是如何相关联的。语音学的知识在基于语音的应用系统中起着至关重要的作用。

2. 形态学（Morphology）　形态学研究词是如何由意义的基本单位——词素（morphemes）构成的。计算形态学研究如何将一个词分析为词素的组合，从而导出该词的意义。

3. 语法学（Syntax）　语法学研究词是如何组合成正确的语句，词在语句中的作用，哪些短语是其他短语的组成部分。换言之，语法学研究的是语句的组成结构。

4. 语义学（Semantics）　语义学研究如何从一个语句中的词的意义，以及这些词在该语句的语法结构中的作用来推导出该语句的意义。形式语义学是计算机"理解"自然语言的基础。

5. 语用学（Pragmatics）　语义学只考虑撇开了上下文的单一语句的意义。而语用学研究在不同的上下文中的语句的应用，以及上下文对语句的理解所产生的影响。

计算语言学主要研究以下若干实际问题：

1. 计算机形态分析　计算语言学研究如何将一个词分析为词素的组合，从而导出该词的意义。例如，将词 friendly 分析为名词 friend 和后缀 – ly 的组合，计算机可以得知 friendly 是由 friend 导出的形容词。

2. 计算机语法分析　要正确理解一个语句的意义，必须了解该语句的语法结构。计算机语法分析就是根据语法学所提供的关于语法结构的规则，推导出一个语句的所有可能的语法结构。

3. 计算机语义表达　给定了一个语句及其语法结构，如何根据语义学的理论推导出该语句的意义，并且将意义形式化地表达出来，从而使计算机能够在此形式表达的基础上进行推理？

4. 计算机文本生成　给定了一个语句意义的形式化表达，如何由计算机产生该语句？

5. 语言的歧义研究　给定一个语句，其语法结构不一定是唯一的。不同的语法结构对应了不同的意义。计算机要"理解"一个语句的意义，必须能够从众多的语法结构中挑选出最合适的结构。

6. 计算机语言学习　以上每一个问题，都需要应用大量的语言知识。解决某一问题需要哪些知识，如果都需要人工决定，并形式化地表达这些知识的话，则需要大量的人工及专家知识。计算机语言学习的目的就是通过机器学习，自动地获得语言处理所需要的专门知识，并将这些知识形式化地表达出来。

第三节　计算语言学研究的基本方法

一　理性主义和经验主义：计算语言学研究方法的哲学分野

理性主义研究方法认为，人的很大一部分的语言知识是生来俱有，由遗传决定的。由于在语言学中乔姆斯基的内在语言官能（innate language faculty）理论被广泛接受，理性主义研究方法从 60 年代到 80 年代中期主宰了计算语言学，语言学和心理学的研究。在计算语言学中，理性主义的观点表现为通过人工编汇初始语言知识和推理系统来创建自然语言处理系统。

与理性主义相反的是经验主义的研究方法。它认为人的知识只是通过感官输入，经过一些简单的联想（association）与通用化（generalization）的操作而得到的。人并不是生来俱有一套有关语言的原则和处理方法。经验主义的研究方法从 20 年代到 50 年代主宰了语言学，心理学，计算语言学的研究，并在 80 年代中期后重新受到了重视。表现在计算语言学中，许多研究试图从大量的语言数据中获取语言的结构知识。

理性主义研究方法与经验主义的研究方法有如下的具体区别：

1. 理性主义主要研究人的语言知识结构（语言能力，language competence）。实际的语言数据（语言行为，language performance）只提供了这种内在知识的间接证据。而经验主义的研究对象直接是这些实际的语言数据。

2. 理性主义的方法通常是基于乔姆斯基的语言原则（principles）的。它通过语言所必须遵守的一系列原则来描述语言。由此可以说一个语句是正确的（遵守了语言原则）还是错误的（违反了语言原则）。经验主义的方法通常是基于先农（Shannon）的信息论。它将语言事件赋予概率。由此可以说一个语句是常见的还是罕见的。

3. 理性主义的方法通常是通过对一些特殊的语句或语言现象的研究来得到对人的语言能力的认识，而这些语句和语言现象在语言的实际应用中并不一定是常见的。而经验主义的方法则偏重于对语料库中人们所实际使用的普通语句的统计表述。

二　计算语言学研究方法

理性主义研究方法——符号处理系统

符号处理系统是认知心理学家作为人的认知模型而提出的〔74〕。它在计算语言学中得到广泛的应用。在一个符号处理系统中，符号是表示概念和意义的基本单位。符号必须具有如下的特点：1. 符号具有任意性。一个符号的形状和其所表示的意义没有关系。由此可见，神经网络中运用的分布式表达不是符号，因为其形状表达了意义：形状相近的表达意义也相近。2. 符号能够按照某些规则递归地构成符号结构，由此产生的组合符号表达式可以表示复杂的意义。

在计算语言学中，用于自然语言处理的符号处理系统通常根据一套规则或程序，将自然语言"理解"为符号结构——该结构的意义可以从结构中的符号的意义推导出来。在一个典型的自然语言处理系统中，由语法分析器按照人所设计的自然语言的语法，将输入语句分析为语法结构——一种特定形式的符号结构，再根据一套规则将语法符号结构映射到语义符号结构（如逻辑表达，语义网络或中间语言）。自然语言符号处理系统中的规则集通常是先验的，也就是说是由人设计好了以后赋予机器的，因而这是一种典型的理性主义的方法。（下面我们将要提到，通过基于语料库学习可以获得规则集——但这已经是经验主义的研究方法了。）

经验主义研究方法——基于语料库的计算语言学研究

神经网络方法　人工神经网络〔68〕是由大量的简单的处理单元（神经元）及神经元之间的联结（connection）组成。神经网络中所有的神经元的激发模式（activation pattern）对应于物理系统中的状态。常见的人工神经网络中，神经元被分为多个集合。其中某一集合被称为输入神经元集，其激发模式对应于物理系统中的输入状态，另一集合为输出神经元集，其激发模式对应于物理系统中的输出状态。从输入状态到输出状态的映射由神经元之间的联结的强度〔strength〕（或称作"权"〔weight〕）来决定。如果训练数据给出了输入/输出状态的对应关系，联结强度可通过机器学习而获得。这种由给定的实例（训练数据），经过学习而获得某种处理能力的方法，是典型的经验主义研究方法。

当神经网络用于自然语言处理时，自然语言的各个意义组成部分，如词素，词，短语，语句，都必须表示为神经网络中神经元的激发模式，意义相近的语言组成通常具有相近的神经元激发模式。这样的知识表达被称为分布式表达（distributed representation）。神经网络自然语言处理的一个首要任务就是为语言的组成部分确定合适的分布式表达。

神经网络在计算语言学中的具体应用有动词的形态变换〔69〕，语法分析〔50〕，机器翻译〔25〕。然而，由于自然语言处理中所需要的高层次的知识很难用神经网络中的分布式表达来表示，神经网络方法通常只适用于小范围的"玩具问题"（Toy problem）。神经网络的自然语言处理系统通常被用于和人的语言处理的比较，从而被用于心理学中平行处理（parallel processing）理论的证据。这些系统往往不具备实用效能。因此本书中不再对此方法作专门介绍。

统计学方法　　统计学方法为要解决的语言处理问题建立统计模型，并且由训练数据（语料库）来估计统计模型中的参数。以机器翻译为例，我们首先建立从一个语言中的语句产生其在另一个语言中的翻译的翻译过程模型。假定该模型是把语句中的某一位置按照某个概率分布对应到翻译语句中的某一位置，并由该位置上的词按照某个概率分布产生其相应位置上的词，则这些概率分布构成了核模型中的参数，它们可以从语料库经过机器学习来估计。

统计学方法是基于语料库的计算语言学研究的一个重要方法。它被广泛应用于语法分析、歧义化解、机器翻译、语音识别。本书将对此作详细的介绍。

符号处理系统的学习　　另一类基于语料库的方法是从语料库中通过学习获得符号处理系统中的规则集。该学习过程可以视为规则搜索过程：不断地搜索新的规则，使由这些规则产生出训练语料库的可能性增大。具体的例子有本书中所要讨论的"基于转换规则的错误驱动机器学习"。这种方法虽然运用了符号处理系统中的规则表达，但规则本身是从语料库中经验地获得的，因而是一种经验主义的方法。

第四节　计算语言学的应用

计算语言学在日常生活中有广泛的应用。这些应用可被分为两大类：基于文本（Text-based）的应用和基于会话（Dialogue-based）的应用。

基于文本的应用处理书面文本，例如书籍、报刊文章、使用手册、电子邮件，等等。典型的应用有：

1. 信息检索：其任务是从大量的文本数据中检索出某一主题的文章。具体实例如从情报部门收集的文本数据库中寻找和某个恐怖组织有关的文章。

2. 信息提取：其任务是从文章中提取符合某一主题信息。具体实例如从新闻报道中提取有关股票交易的信息，用以自动建立股票交易信息库。

3. 机器翻译：将一种语言的文件自动翻译成另一种语言。具体实例如将英语计算机使用手册自动翻译成其他多种语言。

4. 文本概括：从一段长文中概括出其中心思想。例如，将某一1000页的政府报告压缩成3页的主要内容。

基于会话的应用主要用于人机通讯，它通常是针对口语的应用。典型的应用有：

1. 问答系统：使用自然语言进行数据库查询。例如 ATIS（英语"航空旅行信息服务"的简称）就是一个结合语音语言技术，让顾客使用自然语言查询飞行班机数据库的研究项目。

2. 自动电话服务：具体实例包括电话号码查询服务、电话邮购服务。

3. 教学系统：通过人机会话，进行计算机教学。具体实例有自动数学教学系统、自动逻辑学教学系统、自动外语教学系统。

4. 口语控制：由声音来控制机器。具体实例有音控录像机，计算机语音输入，音控打字机。该应用尤其适用于当人的双手忙于其他事务的时候，例如在驾驶汽车时由语音控制汽车上的卫星导航系统。

5. 通用问题解答系统（general problem solver）：用语音和一通用问题解答系统会话。例如，通过人机会话，认一通用问题解答系统协助安排货运规划。

计算语言学的研究方法还被应用于其他非语言的领域。广义地讲，计算语言学是研究字符串的结构以及结构和意义关系的学科。我们知道，生物和人体的遗传是通过 DNA 实现的，而 DNA 是一串由一些固定的片段按一定的规则排列而成的密码，不同的排列意味着不同的遗传效应。如果我们用字符来代表 DNA 片段，则 DNA 就是具有一定结构的字符串，不同的 DNA "字符串" 结构包含了不同的遗传信息。计算语言学的技术可用于分析 DNA 的结构，对 DNA 进行解码，从而揭开生物遗传的奥秘。

第二章 预备知识

本章我们介绍一些在本书中将使用的数学预备知识。第一节主要介绍离散数学和数据结构基础；第二节和第三节将介绍概率统计理论和信息论中常用于计算语言学的一些基本概念。这些概念被广泛运用于统计学自然语言处理。如果读者对统计学自然语言处理不感兴趣，可以略过这两节。由于篇幅所限，不可能在此给出对这些理论的详细介绍。有兴趣的读者可参考本书所列的参考文献〔20，27〕。

第一节 离散数学基础

一 集合及相关的概念

集合是一组不同的物体。这些物体称之为元素。如果 a 是集合 S 的元素，就记为 $a \in S$。如果 a 不是集合 S 的元素，就记为 $a \notin S$。集合这个概念有两个重点：一个是集合中的元素应各不相同；另一个是集合中的元素没有次序限制。举例来说，$\{1，2，3，3\} = \{1，2，3\}$；$\{2，3，1\} = \{1，2，3\}$。

子集：如果集合 A 中的元素都是属于集合 B，则称 A 是集合 B 的子集合，简称为 B 的子集，并记为 $A \subseteq B$。换言之，A 是由集合 B 中部分或全部元素组成。如果集合 A 中的元素都是属于集合 B，且 $A \neq B$，则称 A 是集合 B 的真子集。显然 A 只是由 B 中部分元素组成。没有元素的集合称为空集，常记为 $\emptyset$ 或 $\{\}$。

通常，在某个领域，或研究某个问题时，我们可以知道所有可能的元素。我们把所有可能元素组成的集合称之为空间 U。这样，其他集合都是它的子集。

集合之间一些常见的运算有：

两个集合的并：$A \cup B = \{a \mid a \in A \text{ 或 } a \in B\}$

两个集合的交：$A \cap B = \{a \mid a \in A$ 并且 $a \in B\}$

两个集合的差：$A - B = \{c \mid c \in A$ 并且 $c \notin B\}$

集合的补：$A^c = U - A$

集合的划分：$\pi = \{A_1, A_2, \cdots, A_n\}$ 是集合 A 的一个划分，当且仅当

$$A_i \cap A_j = \phi \ (i \neq j) \text{ 并且 } \bigcup_{i=1}^{n} A_i = A$$

二　图及相关的概念

图是常见的表示形式。图由结点和边组成。图分无向图和有向图两种。无向图中结点就像公交线路上的车站，它的边就像连接车站的双向路线。对于有向图来说，它的边就像连接车站的单向路线，只能朝一个方向行驶。图中的另外一个概念是路径，它对应于从甲车站到乙车站是否通车。它们的严格定义如下：

无向图是个两元组 $G\ (N, E)$。N 是结点的有限集合，$N = \{n_i \mid i = 0, \cdots, k\}$。$E$ 是边的有限集合，$E = \{\ \{n_i, n_j\}\ \mid n_i, n_j$ 是属于 N 的某两个结点$\}$。

有向图是个两元组 $G = (N, E)$。N 是结点的有限集合，$N = \{n_i \mid i = 0, \cdots, k\}$ 和无向图一样；E 是边的有限集合，$E = \{\ (n_i, n_j)\ \mid n_i, n_j$ 是属于 N 的某两个结点$\}$。值得注意的是，(n_i, n_j) 不等于 (n_j, n_i)，而 $\{n_i, n_j\}$ 与 $\{n_j, n_i\}$ 相同。$(n_i, n_j) \in E$ 是结点 n_i 的出边，是结点 n_j 的入边。

连通图是个图，$G = (N, E)$。对于 N 中任何两个结点，n_s，n_t，存在着一个点的序列 P，$n_s = n_{i_0}$，n_{i_1}，$\cdots$，$n_{i_p} = n_t$ 均属于 N，且 $e_j = \{n_{i_j}, n_{i_{j+1}}\}$，$j = 0, 1, \cdots, p - 1$ 均属于 E（对有向图，$e_j = n_{i_j}, n_{i_{j+1}}$）。$P$ 也称之为图 G 的路径。

设 P 是有向图 G 的一条路径，$P = n_{i_0}$，n_{i_1}，$\cdots$，n_{i_p}。如果 $n_{i_0} = n_{i_p}$，则称 P 的一条回路。（如图 2.2b）这里 p 可以为 0，此时称 P 为自回路。若 P 是无向图 G 的一条路径，$P = n_{i_0}$，n_{i_1}，$\cdots$，n_{i_p}，$n_{i_0} = n_{i_p}$，且 $p > 0$，则称 p 是 G 中的一条回路（如图 2.1b）。

若图 G 中，没有任何一条路径是回路，则称 G 为无回图（如图 2.1a，c，d）。

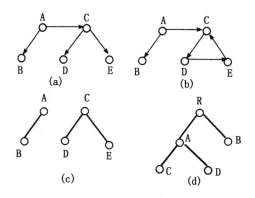

图 2.1 a) 连通无向图的例子   b) 带回路无向图的例子

c) 森林的例子   d) 有根树的例子

一个无回无向图称之为森林（如图 2.1c）。一个连通的，无回无向图称之为（自由）树。如果，树中有一个结点被特别地标志，这个树称之为有根树，而这个被特别标出的结点称之为根结点（如图 2.1d）。有根树和森林以及相关概念与自然界中的树和森林是非常相似，且术语都是从那里借来的。

给定有根树 T，其根为 r，对于 T 中的任一个结点 x，都存在路径 P，将 r 与 x 相连。设 P 中与 x 相接的边为（y，x）。则 y 称为 x 的父结点，x 称为 y 的子结点。树中有子结点的结点称为内结点，而没有子结点的结点称为叶子。对于具有同一父结点的诸子结点，称为兄弟结点。（图 2.1d）中，R 是根；A 和 R 是内结点；B，C 和 D 结点就是叶子；C 和 D 结点是兄弟结点；A 是 C 和 D 的父结点。

在语言分析中，有根树（或简称树）经常用来表示结构。兄弟结点表示前后关系，而父子结点表示居上（或称直辖）关系。

三 字符串及相关的概念

假定 Σ 是符号的有限集合。它的每个元素称之为字符。由 Σ 中字符相连而成的有限序列称之为 Σ 上字符串。一个特殊情况是字符串不包括任何字符，我们称它为空字符串，常常用 ∈ 来表示。包括空字符串的 Σ 上字符串全体则记为 Σ*。举例来说，Σ = {0，1}，则 Σ* = {∈，0，1，00，01，10，11，000，001，…}。

对 Σ^* 的一些子集，常常用到的运算或操作有，"连接"（记为"."），和"闭包"（记为"$*$"）。而连接符"."常常可省略。

假定 U，V 是 Σ 上的两个子集。

$U \cdot V = UV = \{xy \mid x \in U \text{ 且 } y \in V\}$；对 $n \geq 1$，$V^n = \underbrace{VV\cdots V}_{n}$；对 $n = 0$，$V^0 = \{\in\}$。

V 的闭包 $V^* = V^0 \cup V^1 \cup V^2 \cup \cdots$

下面我们引入一个重要的概念，正则表达式（简称为正则式）。它对应于 Σ 上的一些子集（称之为正则集），并通过递归方式来定义的。

1. 空集 $\{\}$ 和空字符串集 $\{\in\}$ 是正则集，它们的正则式是 e 和 $\in$；

2. 任何 $x \in \Sigma$，x 是正则式，它对应的正则集是 $\{x\}$；

3. 如果 X，Y 是 Σ 上的正则式，并且，它们对应的正则集分别是 U，V，那么，$X \mid Y$，$X \cdot Y$ 和 X^* 也是正则式，且它们对应的正则集分别是 $U \cup V$，$U \cdot V$ 和 U^*。

其中，$X \mid Y$ 称之为"或"运算。

例如，假定 $\Sigma = \{0, 1\}$。01^* 是正则表达式，它所对应的正则集是 $\{0, 01, 011, 0111, \cdots\}$，即 Σ 上以 0 为始随之以任意长度的 1 所成字符串。$00 (0 \mid 1)^*$ 是正则表达式，它所对应的正则集是 $\{00, 000, 001, 0000, 0001, 0010, 0011, \cdots\}$，即 Σ 上以双 0 为始的任何字符串。正则表达式可以用有向图来表示。图的结点是状态，并且有两个特殊结点，标为起始结点和终止结点。起始结点只有出边，而终止结点用双圈表示。图的边上标以字符，表示从一个状态结点到另外一个状态结点准许出现的字符。这种图称之为有限状态图。从起始结点出发，经历诸结点以及连接结点的边，最终达到终止结点。在这过程中，把所经历的各边上的字符按遇见的先后顺序排列，就得到一个字符串。因为从起始结点到终止结点可以有不同的途径，一个有限状态图事实上代表着一个字符串集。图 2.3 就对应于正则表达式 01^*。

四　栈及相关的概念

直观地讲，栈就像一边打结另一边放开的一串珠子。倘若要把其中

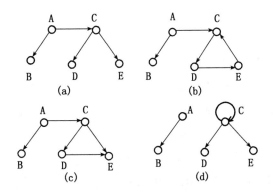

图 2.2 **a)** 有向图的例子
　　　　b) 带回路有向图的例子
　　　　c) 没有回路有向图的例子
　　　　d) 带自回路有向图的例子

图 2.3 对应于正则表达式 **01*** 的有限状态图

一个珠子拿出的话，把靠近它的开放一边的所有珠子拿出后，才可以进行。这就是所谓的"先进后出"数据结构。换言之。先入串的珠子必须后出来。所以，这种结构规定了一种重要的次序。我们以后会经常地遇见。

与栈有关的一些概念和操作有：栈顶，栈底，下压一个元素，上弹一个元素，以及查看栈顶元素。

栈的定义：栈是一种线性表，$A = A_0$，A_1，$\cdots$，A_k。A_0 是栈底，A_k 是栈顶。当栈空时，A_0 既是栈顶也是栈底。

下压一个元素操作：假如当前的栈顶是 A_i，下压一个元素 x 到栈 A 后，x 便处于 A_{i+1}，而栈 A 的栈顶便是 A_{i+1}。

上弹一个元素操作：假如当前的栈顶是 A_i，$i > 0$，则从 A 中上弹一个元素后，A 的栈顶就变为 A_{i-1}，并返回 A_i；当 $i = 0$，此操作并不改变栈 A，但返回空值。

查看栈顶元素：假如当前的栈顶是 A_i，将 A_i 返回，并且不改变栈顶。

五　序及相关的概念

序从直观意义来讲是定义一组元素之间的顺序关系，顺序关系可以是大小，前后，高低，等等。在现实世界中，一组元素之间关系常常可以归结为两个元素之间的关系，即二元关系。

二元关系：A，B 是两个集合。如果 R 是 $\{(a, b) \mid a \in A, b \in B\}$ 的子集，则称 R 是 A，B 上的二元关系。A，B 可以相同，那时称 R 是 A 上的二元关系。

二元自反关系：对所有 $a \in A$，如果 $(a, a) \in R$，称 R 是 A 上的二元自反关系。即，每个元素与自己有这种关系。

二元对称关系：对所有 $a, b \in A$，如果 $(a, b) \in R$，一定有 $(b, a) \in R$，称 R 是 A 上的二元对称关系。即，两个元素就这种关系而言是对称的。

二元反称关系：对所有 $a, b \in A$，如果 (a, b) $(b, a) \in R$，一定有 $a = b$，称 R 是 A 上的二元反称关系。即，对两个不同元素就这种关系而言是反对称的，要么有 (a, b)，要么有 (b, a)，要么 a、b 之间没有关系。

二元传递关系：对所有 $a, b, c \in A$，如果 (a, b) $(b, c) \in R$，一定有 $(a, c) \in R$，称 R 是 A 上的二元传递关系。即，元素 b 是关系传递的桥梁。

半序：如果二元关系 R 是自反，反称和传递关系，则称 R 是半序。

如果 A 是有限集合，R 是半序，那么存在一个图，它是由有向无回图上增加一些自回路而成，A 中的元素是图的结点，半序 R 就对应于这图中的路径。

全序：如果二元关系 R 是半序，且对所有 $a, b \in A$，(a, b) 和 (b, a) 其中必有一个属于 R，则称 R 是全序。全序关系为 A 中任何两个元素都规定了次序。

最常见的全序例子是实数中 $\leqslant$ 关系。

半序的全序化：如果 R 是定义在 A 上的半序，R' 是定义在 A 上的全序，且对所有 $(a, b) \in R$，有 $(a, b) \in R'$ 称 R' 是 R 的一个全序化关系。

对于有限集合 A 来说，把定义在 A 上的半序关系 R 全序化是非常容易的。首先，找出元素 a 使得没有其他元素 x 和 a 满足 $(x, a) \in R$。如果没有这样 a，R 已经是全序关系且 A 只含一个元素。那时，我们已经达到目标。否则，不失一般，记 R 在 $A_1 = A - \{a\}$ 上的关系为 R_1，并称 a 为 A 中极小元。如前，寻找在 A_1 中的极小元 a_1。如果已经有 $(a, a_1) \in R$，$A_2 = A_1 - \{a_1\}$ 且 $R_1 = R$；否则，$A_2 = A_1 - \{a_1\}$ 且 $R_1 = R \cup (a, a_1)$。重复这个步骤直至 A_n 只含一个元素。如此而得到 R_n 必定是全序关系，且 $R \subset R_n$。

第二节　概率统计理论基础

概率论研究的对象是随机试验。一个随机试验 E 是在理想化状态下可以在相同的情境下重复任意多次的试验，而每次重复试验的结果属于一个给定的集合 S，该集合称为试验 E 的样本空间。重复试验的结果是随机的，也就是说，在试验前其结果是不确定的。

定义 2.1 事件

事件是随机试验 E 的任意一个可能结果的集合。也就是说，是样本空间 S 的任意子集（包括 S）。

例 2.1 抛掷硬币试验：

假定我们抛掷一枚硬币以确定该硬币落地时是正面还是反面朝上。且该试验可以理想化为在相同的情境下可重复任意多次。每次重复试验前我们不能预测其结果。如果我们以 H 代表正面朝上，T 代表反面朝上，则该试验的样本空间为 $\{H, T\}$。该试验有如下四个事件：

1. 硬币正面朝上：　　　　　（$\{H\}$）
2. 硬币反面朝上：　　　　　（$\{T\}$）
3. 硬币正面或反面朝上：　　（$\{H, T\}$）
4. 硬币正面和反面均朝上：　（$\emptyset$）

如果试验是同时抛掷两枚硬币，则样本空间为 $\{HH, HT, TH, TT\}$。该试验有 16 种事件。

从上例我们可以看到，这里的事件可以指在实际中并不可能发生的事（硬币的两面均朝上）。而可能事件发生的可能性也不一定相同。如事件"硬币正面或反面朝上"一定发生，其可能性要大于事件"硬币正面朝上"或事件"硬币反面朝上"的可能性。为此我们用下面将要定义的"概率"来表示事件发生的可能性。我们说，不可能发生的事件的概率为 0，一定发生的事件的概率为 1，而其他可能事件的概率值是介于 0 和 1 之间的实数。一个事件的概率值越大，其发生的可能性就越大。

定义 2.2 概率

概率是从随机试验中的事件到实数域的函数，用以表示事件发生的可能性。如果用 $P(A)$ 作为事件 A 的概率，S 是试验的样本空间，则概率函数必须满足以下公理：

公理 2.1 $P(A) \geqslant 0$。

公理 2.2 $P(S) = 1$。

公理 2.3 如果对任意的 i 和 j（$i \neq j$），事件 A_i 和 A_j 不相交（$A_i \cap A_j = \emptyset$），则

$$P\left(\bigcup_{i=0}^{\infty} A_i\right) = \sum_{i=0}^{\infty} P(A_i)。$$

例 2.2 以前面的抛掷硬币试验为例，假定硬币是："公平"的，也就是说，它出现正面和反面的可能性相同，我们希望推导出该试验中事件的概率。

由于硬币是"公平"的，我们有

$$P(\{H\}) = P(\{T\}) \qquad (2.1)$$

由公理 2.2，可以得到

$$P(S) = P(\{H\} \cup \{T\}) = 1 \qquad (2.2)$$

由公理 2.3，可以得到

$$P(\{H\} \cup \{T\}) = P(\{H\}) + P(\{T\}) \qquad (2.3)$$

从（2.1），（2.2）和（2.3），可以得到

$$P(\{H\}) = P(\{T\}) = 1/2 \qquad (2.4)$$

定理 2.1 如果 P 是一个概率函数，A 是一个事件，则

1. $P(\emptyset) = 0$，   （$\emptyset$ 是空集）

2. $P(A^c) = 1 - P(A)$，   （A^c 是 A 的补集）

3. $P(A) \leqslant 1$

证明：（该证明中多次引用概率函数的三个公理）

1. 由于 $1 = P(S) = P(S \cup \emptyset) = P(S) + P(\emptyset)$，故 $P(\emptyset) = 0$。

2. 由于 $1 = P(S) = P(A \cup A^c) = P(A) + P(A^c)$，故 $P(A^c) = 1 - P(A)$。

3. 由于 $P(A^c) \geqslant 0$，故 $P(A) = 1 - P(A^c) \leqslant 1$。

定理 2.2　如果 P 是一个概率函数，A，B 是随机事件，则

1. $P(B \cap A^c) = P(B) - P(A \cap B)$

2. $P(A \cup B) = P(A) + P(B) - P(A \cap B)$

3. 如果 $A \subset B$，则 $P(A) \leqslant P(B)$

证明：〔我们在此只证明（1）。读者可按类似的方法证明其他两部分〕

B 可分解为两个不相交的集合的并集：$B = (B \cap A) \cup (B \cap A^c)$。于是，

$$P(B) = P((B \cap A) \cup (B \cap A^c)) = P(B \cap A) + P(B \cap A^c),$$
$$(2.5)$$

$$P(B \cap A^c) = P(B) - P(A \cap B)。$$
$$(2.6)$$

定义 2.3　相对频率，最大似然估计

如果一个试验的样本空间是 $\{s_1, s_2, \cdots, s_n\}$，在相同情况下重复该试验 N 次，观察到 s_k 的次数 $n_N(s_k)$。则 s_k 的相对频率为

$$q_N(s_k) = \frac{n_N(s_k)}{N}$$

由于 $\sum_{i=1}^{n} n_N(s_k) = N$，因而 $\sum_{i=1}^{n} q_N(s_k) = 1$。

当 N 越来越大时，相对频率 $q_N(s_k)$ 就越来越接近 s_k 的概率 $P(s_k)$。事实上，

$$\lim_{N \to \infty} q_N(s_k) = P(s_k)$$

因此相对频率常被用作概率的估计值。这种概率值的估计方法称为最大似然估计〔20〕。

定义 2.4　条件概率：

如果 A 和 B 是样本空间 S 上的两个事件，$P(B) > 0$，那么在给定 B 时 A 的条件概率 $P(A \mid B)$ 是：

$$P(A \mid B) = \frac{P(A \cap B)}{P(B)}$$
$$(2.7)$$

条件概率 $P(A \mid B)$ 给出了在已知事件 B 发生的情况下，事件 A 的概率。一般说来，$P(A \mid B) \neq P(A)$。

例 2.3 可以想象在一般的汉语语料库中，"概率"一词出现的概率，$P(\{G\})$ 很低。然而，如果该语料库是有关数学的语料库，则"概率"一词出现的概率就会比在一般的汉语语料库中的概率要高。同样，我们可以预期"概率"出现在统计学语料库中的概率更高。因此，

$$P(\{G\}) < P(\{G\} \mid M) < P(\{G\} \mid S) \tag{2.8}$$

其中，M 代表事件"语料库是关于数学的语料库"，S 代表事件"语料库是关于统计学的语料库"。

定理 2.3 贝叶斯法则

$$P(A \mid B) = \frac{P(B \mid A) \, P(A)}{P(B)} \tag{2.9}$$

贝叶斯法则是概率统计理论中最重要的定理之一。基于此的贝叶斯推理在统计分析中有着重要的地位。在我们将要介绍的许多统计学自然语言处理（如统计学机器翻译，语法推导）中，（2.9）都起了很大的作用。

例 2.4 语音识别

语音识别的任务是在给定语音讯号 A 时，找出语句 S，使得 $P(S \mid A)$ 最大，也就是说，S 最可能是 A 所传达的语句：

$$\textit{ff} = \arg\max_S P(S \mid A) \tag{2.10}$$

根据（2.9），

$$\textit{ff} = \arg\max_S \frac{P(A \mid S) \, P(S)}{P(A)} \tag{2.11}$$

$P(A)$ 在 A 给定时是归一化常数，因而在求 $\arg\max\limits_S$ 时可忽略不计：

$$\textit{ff} = \arg\max_S P(A \mid S) \, P(S) \tag{2.12}$$

因此语音识别系统通常由两个模型组成，统计语音模型（如我们将要讨论的 HMM）给出了从语句 S 产生语音讯号 A 的概率，语言模型给出在一个语言中产生语句 S 的概率。语音识别就是搜索 S，使语音模型和语言模型的概率的乘积 $P(A \mid S) \times P(S)$ 最大。

定义 2.5 独立事件

如果 $P(A \cap B) = P(A)P(B)$，事件 A 和 B 被称为互相独立。否则，我们说事件 A 和 B 相关。

当两个事件互相独立时，一个事件的发生并不对另一事件的发生可能性（概率）产生影响。下面的定理说明了这一点：

定理 2.4 如果事件 A 和 B 互相独立，则

$$P(A \mid B) = P(A) \tag{2.13}$$

$$P(B \mid A) = P(B) \tag{2.14}$$

例 2.5 在英语语料库中，词"*can*"，"*very*"，"*good*"出现在一个句子中的事件的相对频率如下表所示。

表 2.1

事 件	相对频率
{can}	0.108
{very}	0.021
{good}	0.190
{very} ∩ {good}	0.009
{can} ∩ {very}	0.002
{can} ∩ {good}	0.022

如果我们以相对频率作为概率的估计值，我们有

$P(\{can\}) \times P(\{very\}) = 0.108 \times 0.021 = 0.002 = P(\{can\} \cap \{very\})$

$P(\{can\}) \times P(\{good\}) = 0.108 \times 0.190 = 0.021 \approx P(\{can\} \cap \{good\})$

$P(\{very\}) \times P(\{good\}) = 0.021 \times 0.190 = 0.004 < P(\{very\} \cap \{good\})$

由此可见，词"*can*"在一个句子中出现和词"*very*"或"*good*"在一个句子中出现是互相独立的（也称为不相关的）。知道了"*can*"出现在句子中，我们不能得到任何关于"*very*"或"*good*"是否也在句子中出现的信息。但"*very*"和"*good*"两个词相关。知道了其中一个词出现在句子中，另一个词出现在该句子中的可能性就增加了：

$$P\left(\{good\} \mid \{very\}\right) = \frac{P\left(\{very\} \cap \{good\}\right)}{P\left(\{very\}\right)} = \frac{0.009}{0.021} = 0.42 > P\left(\{good\}\right)$$

$$P\left(\{very\} \mid \{good\}\right) = \frac{P\left(\{very\} \cap \{good\}\right)}{P\left(\{good\}\right)} = \frac{0.009}{0.190} = 0.047 > P\left(\{very\}\right)$$

定理 2.5 如果事件 A 和 B 互相独立，则下列事件也互相独立：

1. A 和 B^c

2. A^c 和 B

3. A^c 和 B^c

证明［我们在此只证明（1）。读者可按类似的方法证明其他两部分］

$$P\left(A \cap B^c\right) = P\left(B^c \mid A\right) P\left(A\right) \tag{2.15}$$

$$= \left[1 - P\left(B \mid A\right)\right] P\left(A\right) \tag{2.16}$$

$$= \left[1 - P\left(B\right)\right] P\left(A\right) \tag{2.17}$$

$$= P\left(B^c\right) P\left(A\right) \tag{2.18}$$

其中（2.16）是由于 $P\left(\cdot \mid A\right)$ 是概率函数；（2.17）是由于 A 和 B 互相独立。

在许多试验中，我们对试验的原始概率结构并不感兴趣，而只感兴趣于对该试验结果的一个概括。例如，对 50 人进行民意测验，了解他们对某一事务的态度是赞成还是反对。由于每个人都可能赞成或反对，该试验的样本空间的大小是 2^{50}！但我们并不感兴趣某一特定的个人的态度。我们只感兴趣对此事务有多少人赞成（相反的，有多少人反对。）如果我们定义一个概括变量 $X = 50$ 人中赞成的人数，则 X 完全反映了我们感兴趣的结果。变量 X 的样本空间为 $\{0, 1, \cdots, 50\}$，因此我们避免了应付 2^{50} 这样庞大的样本空间。

定义了 X，我们便定义了一个从原样本空间到新样本空间的一个映射。新的样本空间通常是一个实数域上的集合。这样的映射被称为随机变量。

定义 2.6 随机变量：

随机变量是从样本空间 S 到一个实数域上的集合的函数。

定义 2.7 累计分布函数

随机变量 X 的累计分布函数，记为 $F_X(x)$，是

$$F_X(x) = P_X(X \leqslant x)$$

定理 2.6 $F(x)$ 是累计分布函数，当且仅当以下三个条件成立：

1. $lim_{x \to -\infty} F(x) = 0$，且 $lim_{x \to +\infty} F(x) = 1$

2. $F(x)$ 是非递减函数

3. $F(x)$ 是右连续函数：对所有 x_0，$lim_{x \downarrow x_0} = F(x_0)$

定义 2.8 分布函数

一个离散随机变量 X 的分布函数是

$$f_X(x) = P(X = x)$$

例 2.6 考虑抛掷三枚硬币的试验。以随机变量 X 表示在一次试验中出现的正面朝上的硬币数。这里 X 是从样本空间

$$\{TTT, TTH, HTT, HTH, THT, THH, HHT, HHH\}$$

到实数域的函数：$X(TTT) = 3$，$X(THT) = 2$，…。如果硬币是"公平"的，则其累计分布函数 $F_X(x)$

表 2.2

x	$F_X(x)$
$(-\infty, 0)$	0
$[0, 1)$	1/8
$[1, 2)$	1/2
$[2, 3)$	7/8
$[3, \infty)$	1

其中，当 $x \in (0, 1)$ 时，$F_X(x)$ 是样本空间中使随机变量 $X < 1$ 的事件的概率之和。由于样本空间中只有事件 TTT 使随机变量 $X < 1$，而且样本空间中每个事件的概率相同（我们曾假定硬币是"公平"的），故 $F_X(x) = 1/8$。在 x 取其他值时分布函数 $F_X(x)$ 的值可依此类推。

该累计分布函数如图 2.4 所示。

定义 2.9 期望值

期望值是一个随机变量所取之值的概率平均。设 X 为一随机变量，其分布为 $p(x)$，则 X 的期望值为

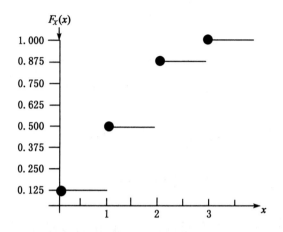

图 2.4　例 2.6 的累计分布函数

$$E \ (x) \ = \sum_x xp \ (x) \tag{2.19}$$

例 2.7 如果 X 为掷一骰子所得的数。如果骰子是公平的，即得到每一面的概率均为 1/6，则

$$E \ (X) \ = \sum_{x=1}^{6} xp \ (x) \ = \frac{1}{6} \sum_{x=1}^{6} x = \frac{21}{6} = 3.5 \tag{2.20}$$

定义 2.10 方差

一个随机变量的方差描述该随机变量的值偏离其期望值的程度。随机变量 X 的方差为

$$Var \ (X) \ = E \ (\ (X - E \ (X))^2)$$
$$= E \ (X^2) \ - E^2 \ (X) \tag{2.21}$$

定义 2.11 同分布 （identical distribution）

如果对所有的集合 A，随机变量 X 和 Y 满足 $P \ (X \in A) \ = P \ (Y \in A)$，则称 X 和 Y 同分布。

定义 2.12 二项分布

当重复一个只有两种输出（假定为 0 或 1）的试验（伯努利试验），并且每次试验互相独立时，二项分布给出了当伯努利试验输出 1 的概率为 p 时，重复 n 次该试验而得到 r 次输出为 1 的概率分布：

$$b \ (r; \ n, \ p) \ = \binom{n}{r} p^r \ (1-p)^{n-r} = \frac{n!}{(n-r)! \ r!} p^r \ (1-p)^{n-r}$$

$$\tag{2.22}$$

二项分布的期望值为 np，方差为 $np(1-p)$。

最常见的二项分布的例子是重复抛掷一硬币 n 次，得到 r 次的"正面"的概率。当我们处理自然语言语料库时，一个语句几乎不可能是独立于它前面一个语句的，因此使用二项分布只能是一种近似。

第三节　信息论基础

本节介绍信息论中常用于计算语言学的一些基本概念及其数学属性，主要有"熵"，"互信息"，"相对熵"等等。

定义 2.13 如果 X 是一个离散随机变量，其概率分布为 $p(x)$，$x \in X$。X 的熵 $H(X)$ 是

$$H(x) = -\sum_{x \in x} p(x) \log p(x) \tag{2.23}$$

其中约定 $0 \log 0 = 0$。$H(X)$ 又可写为 $H(p)$。如果（2.23）中的对数是以二为底的，熵的单位是二进制位（BITS）。

熵可被视为用以描述一个随机变量的不确定性的数量。一个随机变量的熵越大，它的不确定性也就越大。也就是说，正确估计其值的可能性就越小。

例 2.8 图 2.5 显示了下列分布的熵与 p 所取值的关系曲线：

$$x = \begin{cases} 1 & P(1) = P(x) \\ 0 & P(0) = 1 - P \end{cases} \tag{2.24}$$

当 p 为 0 的时候，随机变量的值只能是 0。也就是说，该随机变量没有不确定性。其熵此时恰为 0。同样 p 为 1 的时候，随机变量的值只可能是 1，其熵此时也为 0。当 p 为 1/2 的时候，该随机变量为 0 或 1 的可能性相同，因而不确定性最大，熵也在此时达到最大值。

熵同时又可被视为用以描述信息量大小的一个数量。如果一个信息告诉了我们一个离散随机变量的值，这个随机变量的熵就确定了该信息的信息量；越不确定的随机变量需要越大的信息量用以确定其值。

定义 2.14 如果 (X, Y) 是一对离散随机变量，其联合概率分布为 $p(x, y)$，$x \in \chi$，$y \in y$。(X, Y) 的联合熵 $H(X)$ 是

$$H(X, Y) = -\sum_{x \in X} \sum_{y \in Y} p(x, y) \log p(x, y) \tag{2.25}$$

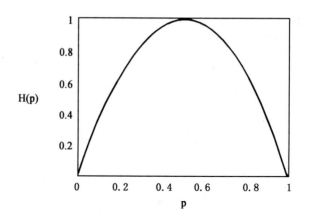

图 2.5 H（p）和 p 的关系

今后，我们将"X 是一个离散随机变量，其概率分布为 p（x）"和 "（X，Y）是一对离散随机变量，其联合概率分布为 p（x，y）"简记为 $X \sim p（x）$ 和 $（X，Y）\sim p（x，y）$。

定义 2.15 如果 $（X，Y）\sim p（x，y）$，条件熵 $H（Y|X）$ 是

$$H（y|x）= \sum_{x \in x} p（x）H（Y|X=x） \tag{2.26}$$

$$= -\sum_{x \in x} p（x）\sum_{y \in y} p（y|x）logp（y|x） \tag{2.27}$$

$$= -\sum_{x \in x}\sum_{y \in y} p（x，y）logp（y|x） \tag{2.28}$$

定理 2.7 熵有如下属性（读者可作为练习加以证明）：

1. $H（X）\geqslant 0$。

2. $H（X|Y）\leqslant H（X）$。等式当且仅当 X 和 Y 相互独立时成立。

3. $H（X_1，X_2，\cdots，X_n）\leqslant \sum_{i=1}^{n} H（X_i）$。等式当且仅当随机变量 X_i 互相独立时成立。

4. $H（X）\leqslant log|x|$。等式当且仅当 X 均匀分布于 X 时成立。其中 $|x|$ 是集合 x 的大小。

属性 1 中，随机变量的熵为 0 当且仅当该随机变量的值是确定的，也就是说，我们已知 X 取某一值 a 的概率 $P（X=a）=1$，而对所有的 $b \neq a$，$P（X=b）=0$。

属性 2 说明，当 X 和 Y 相关时，关于随机变量 Y 的信息可增加我们对 X 的可取值的了解；而当 X 和 Y 互相独立时，关于随机变量 Y 的信息

不影响 X 的不确定性。

属性 3 说明，当一系列随机变量互相独立时，其联合熵为各个随机变量的熵的总和。而当它们不互相独立时，其联合熵小于各个随机变量的熵的总和。这是由于关于其中一个随机变量的信息减少了与此随机变量相关的所有随机变量的不确定性。

属性 4 说明，均匀分布的随机变量的不确定性最大。这是符合我们直觉的：在被告知一个随机变量的概率分布而没有任何其他信息的情况下，如果要我们猜这个随机变量的值，我们会猜概率最大的值，从而使猜中的机会最大。但如果概率分布是均匀的，即每一个值的概率相同，我们只能任选一个值，该随机变量的不确定性也就最大。

定理 2.8（连锁规则）

$$H(X, Y) = H(X) + H(Y \mid X) \tag{2.29}$$

证明：
$$H(X, Y) = -\sum_{x \in x} \sum_{y \in y} p(x, y) \log p(x, y) \tag{2.30}$$

$$= -\sum_{x \in x} \sum_{y \in y} p(x, y) \log p(x) p(y \mid x) \tag{2.31}$$

$$= -\sum_{x \in x} \sum_{y \in y} p(x, y) \log p(x) - \sum_{x \in x} \sum_{y \in y} p(x, y) \log p(y \mid x) \tag{2.32}$$

$$= -\sum_{x \in x} P(x) \log p(x) - \sum_{x \in x} \sum_{y \in y} p(x, y) \log p(y \mid x) \tag{2.33}$$

$$= H(X) + H(Y \mid X) \tag{2.34}$$

定义 2.16　如果 $(X, Y) \sim p(x, y)$，X，Y 之间的互信息 $I(X; Y)$ 是

$$I(X; Y) = H(X) - H(X \mid Y) \tag{2.35}$$

$$= -\sum_{x \in x} P(x) \log p(x) + \sum_{x \in x} \sum_{y \in y} p(x, y) \log p(x \mid y) \tag{2.36}$$

$$= \sum_{x \in x} \sum_{y \in y} p(x, y) \log p \frac{p(x \mid y)}{p(x)} \tag{2.37}$$

$$= \sum_{x \in x} \sum_{y \in y} p(x, y) \log \frac{p(x, y)}{p(x) p(y)} \tag{2.38}$$

互信息 $I(X; Y)$ 是在知道了 Y 的值后 X 的不确定性的减少量。换句话说，就是 Y 的值透露了多少关于 X 的信息量。

定理 2.9　互信息有如下属性（读者可作为练习加以证明）：

1. $I(X; Y) \geq 0$。等式当且仅当 X 和 Y 相互独立时成立。

2. $I(X; Y) = I(Y; X)$。

3. $I(X; X) = H(X)$。

4. $I(X; Y) \leqslant H(X)$。等式当且仅当 $X = Y$ 时成立。

属性 1 说明，平均说来，关于另一个事件 Y 的信息至少不会有损我们对事件 X 的认识。当 X 和 Y 相关时，事件 Y 透露了关于 X 的信息。

属性 2 说明，从事件 Y 所透露的关于 X 的信息量和从事件 X 所透露的关于 Y 的信息量相同。这就是为什么 $I(X; Y)$ 被称为"互信息"。

属性 3 是不言自明的：事件 X 透露了 X 的全部信息。也就是说，知道了 X 的值，X 就没有不确定性了。

属性 4 说明，事件 Y 所透露的关于 X 的信息量不可能超过 X 所含信息量（或 X 的不确定性）。

统而言之，$I(X; Y)$ 表达了 X 和 Y 的相关性。

例 2.9 假设 (X, Y) 的联合概率分布如下表所示。则 X 的边际概率分布为（1/2，1/4，1/8，1/8）。Y 的边际概率分布为（1/4，1/4，1/4，1/4）。$H(X) = 7/4$ 二进制位，$H(Y) = 2$ 二进制位。

表 2.3

		X			
		1	2	3	4
Y	1	1/8	1/16	1/32	1/32
	2	1/16	1/8	1/32	1/32
	3	1/16	1/16	1/16	1/16
	4	1/4	0	0	0

$$H(X \mid Y) = \sum_{i=1}^{4} p(Y = i) H(X \mid Y = i) \tag{2.39}$$

$$= \frac{1}{4} H\left(\frac{1}{2}, \frac{1}{4}, \frac{1}{8}, \frac{1}{8}\right) + \frac{1}{4} H\left(\frac{1}{4}, \frac{1}{2}, \frac{1}{8}, \frac{1}{8}\right) +$$

$$\frac{1}{4} H\left(\frac{1}{4}, \frac{1}{4}, \frac{1}{4}, \frac{1}{4}\right) + \frac{1}{4} H(1, 0, 0, 0) \tag{2.40}$$

$$= \frac{1}{4} \times \frac{7}{4} + \frac{1}{4} \times \frac{7}{4} + \frac{1}{4} \times 2 + \frac{1}{4} \times 0 \tag{2.41}$$

$$= \frac{11}{8} \tag{2.42}$$

同样，我们可以求得 $H(Y|X) = 13/8$ 于是

$$I(X;Y) = H(X) - H(X|Y) = \frac{7}{4} - \frac{11}{8} = \frac{3}{8} \tag{2.43}$$

$$I(Y;X) = H(Y) - H(Y|X) = 2 - \frac{13}{8} = \frac{3}{8} \tag{2.44}$$

$$I(X;Y) = I(Y;X) \tag{2.45}$$

定义 2.17 两个概率分布 $p(x)$ 和 $q(x)$ 的相对熵（或 *Kullback-leibler* 距离）是

$$D(p \| q) = \sum_{x \in X} p(x) \log \frac{p(x)}{q(x)} \tag{2.46}$$

该定义中约定 $0 \log (0/q) = 0$, $p \log (p/0) = \infty$

定理 2.10 相对熵有如下属性：

1. $D(p \| q) \geq 0$，等式当且仅当 $p(x) = q(x)$ 对所有的 $x \in X$ 均成立时成立。

2. 一般说来，$D(p \| q) \neq D(q \| p)$

由于属性 2 的缘故，相对熵不是严格意义上的"距离"。

相对熵常被用以衡量两个随机分布的差距。属性 1 说明当两个随机分布相同时，其相对熵为零。当两个随机分布的差别增加时，其相对熵也增加。从信息论的角度看，如果一个随机变量 X 的分布是 p，但我们却根据概率分布 q 来给 X 编码，相对熵就是这样的编码比按照概率分布 p 的编码所多需要的二进制位。

定理 2.11 $I(X;Y) = D(p(x,y) \| p(x)p(y))$

证明：

$$I(X;Y) = H(X) - H(X|Y) \tag{2.47}$$

$$= -\sum_{x \in x} P(x) \log p(x) + \sum_{x \in x} \sum_{y \in y} p(x,y) \log p(x|y) \tag{2.48}$$

$$= \sum_{x \in x} \sum_{y \in y} p(x,y) \log \frac{p(x|y)}{p(x)} \tag{2.49}$$

$$= \sum_{x \in x} \sum_{y \in y} p(x,y) \log \frac{p(x,y)}{p(x)p(y)} \tag{2.50}$$

$$= D\ (p\ (x,\ y)\ \|\ p\ (x)\ p\ (y))$$

$$(2.51)$$

在前面的熵的定义中，我们用到了随机变量 X 的概率分布 $p\ (x)$。在通常有关语言的情况下，分布 $p\ (x)$ 是未知的，我们只能通过某种估计方法建立模型 $q\ (x)$ 来近似 $p\ (x)$。这就是语言模型研究的任务。如何评估模型 $q\ (x)$ 和真实分布 $p\ (x)$ 的相似程度？显然，相对熵 $D\ (p\|q)$ 是一个很好的估计，但要求 $D\ (p\|q)$，我们必须知道分布 $p\ (x)$。这通常是不可能的。为此，下面引进交叉熵的概念：

定义 2.18 交叉熵

设 $X \sim p\ (x)$。$q\ (x)$ 为用于近似 $p\ (x)$ 的一个概率分布。则 $p\ (x)$ 与 $q\ (x)$ 的交叉熵 $H\ (p,\ q)\ = H\ (p)\ + D\ (p\|q)$。

定理 2.12（读者可作为练习证明）

$$H\ (p,\ q)\ = - \sum_{x} p\ (x)\ logq\ (x) \qquad (2.52)$$

由此，我们可以定义语言 L 与其模型 q 的交叉熵为

$$H\ (L,\ q)\ = - \lim_{n \to \infty} \frac{1}{n} \sum_{x_1^n} p\ (x_1^n)\ logq\ (x_1^n) \qquad (2.53)$$

其中，$x_1^n,\ = x_1,\ \cdots,\ x_n$ 为 L 的语句，$p\ (x_1^n)$ 为 L 中 x_1^n 的概率，$q\ (x_1^n)$ 为模型 q 对 x_1^n 的概率的估计。该公式中仍然存在语言的真实概率 $p\ (x_1^n)$。所幸的是，信息论有如下的定理：

定理 2.13 假定语言 L 是稳态（stationary）ergodic 随机过程，X_1^n 为 L 的样本，则有

$$H\ (L,\ q)\ = - \lim_{n \to \infty} \frac{1}{n} logq\ (x_1^n) \qquad (2.54)$$

也就是说，我们可以根据模型 q 和一个含有大量数据的 L 的样本来计算交叉熵。在设计模型 q 时，我们的目的是使交叉熵最小，从而使模型最接近真实的概率分布 $p\ (x)$。

在设计语言模型时，我们常使用下面的概念来代替交叉熵：

定义 2.19 困惑度（Perplexity）

给定语言 L 的样 $I_1^n = I_1 \cdots I_n$，L 的模型 q 的困惑度 PP_q 为

$$PP_q = 2^{H(L,q)} \approx 2^{-\frac{1}{n} logq(l_1^n)} = \left[\ q\ (l_1^n)\ \right]^{\frac{1}{n}} \qquad (2.55)$$

同样，语言模型设计的任务就是寻找困惑度最小的模型——它最接

近真实的语言。

例 2.10 语言模型的困惑度

在语言模型中我们所说的困惑度，通常是指语言模型用于测试数据的困惑度：我们将所有的数据分成两部分，第一部分为训练数据，记为 T，用于估计语言模型 M 的参数（参见第 8 章）。第二部分为测试数据，记为 H，用于评估语言模型。

将宝贵数据分成两部分的原因是，如果我们将所有的数据均用于训练模型，我们不能准确地评估模型的性能。由于模型很可能过度合适（$Overfit$）训练数据（在极端的情况下，模型可给训练数据 $T = t_1$，t_2，$\cdots t_n$ 赋予概率 1，而所有其他字串的概率均为 0，在此情况下模型 M 对 T 的困惑度最小：$[M(T)]^{\frac{1}{n}} = 1$。然而，这个模型通常不是最佳模型，因为它不能接受在训练数据外的任何合法字串），在此情况下谈论模型对训练数据的困惑度是没有意义的。因此我们必须使用测试数据 $H = h_1$，h_2，$\cdots$，h_m 来评估 M：M 对 H 的困惑度为 $[M(H)]^{-\frac{1}{m}}$，其中 $M(H)$ 是由模型 M 计算出的 H 的概率。

在以后的章节中，我们将看到熵的概念时常被用于统计学自然语言处理，尤其是语言模型。互信息和相对熵的概念在神经网络和语义分类中也常被运用。

第三章 形式语言及自动机

第一节 形式语言和自动机的直观意义

直观地讲，形式语言是用来精确描述语言和它结构的手段。它以重写规则 $\alpha \to \beta$ 的形式来表示，其中，α，β 均为字符串。重写规则顾名思义就是在包含 α 的字符串中遇见规则左边的 α 时，将 α 部分重新写为右边的 β。这样，一个初设的字符串通过不断地运用重写规则，就可以得到另一个字符串。通过选择不同的规则并且以各种不同的顺序来运用这些规则，我们就能得到不同的新字符串。如果指定一个初始符，某规则以其为左部，一组规则就可以构成一个语法。有一个语法生成的所有字符串便是语言。

乔姆斯基在他的著名文章〔23〕中，根据重写规则的表示能力，将语法分成四层类，即，正则语法，上下文无关语法，上下文有关语法，无限制重写系统。由这些语法生成的语言便是正则语言，上下文无关语言，上下文有关语言和递归可数集合。在这四类语法中，正则语法表达能力最弱，其次是上下文无关语法，上下文有关语法，最强的是无限制重写系统。

如果说语法是用来精确描述语言和它的结构，那么自动机便是用来机械地刻画对输入字符串的处理过程。最初，自动机的提出是用来解决一个数学上的难题，后来又被用来试图模仿人的感觉和思维。自动机由非常简单的部件和操作组成：输入/输出带是用来存放输入字符串以及输出字符（它们可以是同一条带，也可以是两条不同的带子），读/写头（像人的眼睛和手）用来阅读输入/输出带上目前所处理的字符及位置，在带上写下一个字符，并可以在带上向左或向右移动一个位置。让读/写头作出如此操作的是有限控制器。它根据读/写头所见的字符和所处的状态作出相应的指令让读/写头作出相应的操作，改变自己的状态，并最终决定是否接受输入字符串为合法。这有点像人的大脑，当接受了新信息后，会作出一些行为和改变自己的思想。当给定一字符串时，自动机通过自己的读/写头扫描，修改这一字符串，并改变自己的状态。如果自动机顺利地进入终止状态，且输入/输出带满足一定的条件，那么，我们称自动机接受这一字符串。这个过程也称之为识别。值得注意的是，它只有有限数目的状态用作记忆过去经历。

自动机根据能力也可以分成四类：有限自动机，下推自动机，带限自动机和图灵机。这四类自动机，能力最弱的是有限自动机，其次是下推自动机，带限自动机，最强的是图灵机。从识别语言能力的角度上，它们分别对等于以上提到的四类语法。造成各类自动机识别能力差别的主要原因是它们能够使用的信息存储空间。我们在下面的严格定义中可以看出。但是，我们不会给出等价性定理的证明。有兴趣的读者可参阅（Hopcroft 和 UIIman，1969）。

第二节　形式语言和自动机的定义

一　形式语言的定义

定义 3.1 形式语法是一个四元组 $G = (N, V, P, S)$，其中 N 是非终结符的有限集合，V 是终结符的有限集合，P 是一重写规则的有限集合，而 S 是一个特定的初始符；$P \{\alpha \rightarrow \beta\}$

a　如果 P 中的规则，满足如下的形式：$A \rightarrow Bx$ 或，$A \rightarrow x$，其中，A，B 是非终结符，x 是终结符，

则 G 称之为正则语法（简称为 FSG）。

b　如果 P 中的规则，满足如下的形式：$A \rightarrow \alpha$，其中，A 是非终结符，α 是由 N 和 V 中字符所组成的字符串（或可表示为 $\alpha \in (N \cup V)^*$，* 意味着它右边的字符可以重复 0 到任何多次），

则 G 称之为上下文无关语法（简称为 CFG）。

c　如果 P 中的规则，满足如下的形式：$\alpha A \beta \rightarrow \alpha \gamma \beta$，其中，A 是非终结符，$\alpha$，$\beta$，$\gamma$ 是字符串，且 γ 至少包含一个字符，

则 G 称之为上下文有关语法（简称为 CSG）。

d　如果 P 中的规则，满足如下的形式：$\alpha \rightarrow \beta$，其中，α，β 是字

符串，

则 G 称之为无限制重写系统。

对于以上任何一种语法，两个字符串之间一次派生关系⇒可定义为：

如果 x→y 是 P 中的规则，$\alpha x\beta \Rightarrow \alpha y\beta$。

字符串 α，β 有多次派生关系 $\overset{*}{\Rightarrow}$ 则是说，通过多次应用一次派生关系，从 α 可派生出 β，并记为 $\alpha \overset{*}{\Rightarrow} \beta$：

$\alpha = \alpha_0$，$\beta = \alpha_n$，而对 $i = 0$，…，$n-1$，$\alpha_i \Rightarrow \alpha_{i+1}$。

给定一语法，其语言定义为所有合法终结字符串的集合。合法终结字符串是指由初始符 S 出发，运用重写规则而派生得终结字符串。即，

$$L(G) = \{\alpha \mid \alpha \in V^*; \ S \overset{*}{\Rightarrow} \alpha\}$$

对于正则语法，它的等价且又常见的形式是正则表达式或正则式。换言之，对任何正则语法 $G = (N, V, P, S)$，我们可以找到 V 上的一个正则表达式使得它所对应的正则集等于 $L(G)$。反之也然。

下面让我们来看几个例子。

例 3.1 假设 $G = (N, V, P, S)$，$N = \{S, A\}$，$V = \{0, 1\}$，$P = \{S \rightarrow A1, A \rightarrow A0, A \rightarrow 0\}$。

则，$L(G) = \{0^m 1 \mid m \geqslant 1\}$ 是正则语法。在 $V = \{0, 1\}$ 上它所对应的正则表达式是 00^*1。

例 3.2 假设 $G = (N, V, P, S)$，$N = \{S\}$，$V = \{0, 1\}$，$P = \{S \rightarrow 0S1, S \rightarrow 01\}$。

则，$L(G) = \{0^n 1^n \mid n \geqslant 1\}$ 是上下文无关语法，但不是正则语法。

例 3.3 假设 $G = (N, V, P, S)$，$N = \{S, B, C\}$，$V = \{0, 1, 2\}$，$P = \{S \rightarrow 0SBC, S \rightarrow 0BC, CB \rightarrow BC, 0B \rightarrow 01, 1B \rightarrow 11, 1C \rightarrow 12, 2C \rightarrow 22\}$

则 $L(G) = \{0^n 1^n 2^n \mid n \geqslant 1\}$ 是上下文有关语法，但不是上下文无关语法。

我们再来看一个介于 CFG 和 CSG 之间的索引语法（简称为 IG）。索引语法可以看作是附带着限制的 CFG。这个限制就是在 CFG 规则的非终结符上附加上一个栈；对于 CFG 规则右端符，它的栈是从该规则左端符

上的栈通过栈操作或继承同一栈而得。栈操作包括从栈顶上弹一个元素，从栈顶下推一个元素。例如，下面给出的语法就是一个 IG：

例 3.4 $G = (N, V, P, S)$，P 为：

1. $S (\alpha) \rightarrow S (\beta\alpha)$ 下推 β

2. $S (\alpha) \rightarrow A (\alpha) B (\alpha)$ 继承同一栈

3. $A (\beta\alpha) \rightarrow \alpha A (\alpha)$ 上弹 β

4. $B (\beta\alpha) \rightarrow b B (\alpha)$ 上弹 β

5. $A ( ) \rightarrow \alpha$

6. $B ( ) \rightarrow B$

当我们只允许 CFG 规则右端符继承该规则左端符上的栈时，IG 就退化为 CFG。

IG 比 CFG 具有更强的结构描述能力。上述 IG 产生图 3.1 的结构描述。在这结构中，任何从树根到树叶的路径上，S 连续出现的次数等于 A，B 连续出现的次数。而这种结构描述，CFG 是办不到的。

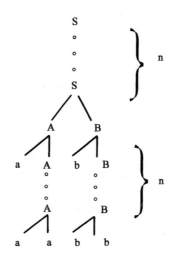

图 3.1　索引语法的一个例子

定义 3.2 IG 是一个五元组 (N, V, I, P, S)，其中 N 是非终结符的有限集合，V 是终结符的有限集合，I 是一组索引或者说是索引的有限集合，P 是一重写规则的有限集合，而 S 是一个特定初始符；P 具有如下三种形式：

1. $A \rightarrow \alpha$

2. $A \rightarrow B \ (f)$

3. $A \ (f) \ \rightarrow \alpha$

A，$B \in N$，$f \in I$，$\alpha \in (N \cup V)^*$。为了清楚起见，索引放在括号里。

两个字符串之间一次派生关系 $\Rightarrow$ 可如下定义。假定 β，$\gamma \in (NI^*N \cup V)^*$，$\delta \in I^*$，$X_i \in N \cup V$。

1. 如果 $A \rightarrow X_1 X_2 \cdots X_k$ 是规则集 P 中具有 1) 形式的规则，则，

$\beta A \ (\delta) \ \gamma \Rightarrow \beta X_1 \ (\delta_1) \ X_2 \ (\delta_2) \ \cdots X_k \ (\delta_k) \ \gamma$，

其中，$X_i \in N$ 时，$\delta_i = \delta$；$X_i \in V$ 时，$\delta_i = \varepsilon$。

2. 如果 $A \rightarrow B \ (f)$ 是规则集 P 中具有 2) 形式的规则，则，

$\beta A \ (\delta) \ \gamma \Rightarrow \beta B \ (f\delta) \ \gamma$。

3. 如果 $A \ (f) \ \rightarrow X_1 X_2 \cdots X_k$ 是规则集 P 中具有 3) 形式的规则，则，

$\beta A \ (f\delta) \ \gamma \Rightarrow \beta X_1 \ (\delta_1) \ X_2 \ (\delta_2) \ \cdots X_k \ (\delta_k) \ \gamma$，其中，$X_i \in N$ 时，$\delta_i = \delta$；$X_i \in V$ 时，$\delta_i = \varepsilon$。

字符串 α，β 有多次派生关系 $\overset{*}{\Rightarrow}$ 则是说，通过多次应用一次派生关系，从 α 可派生出 β，并记为 $\alpha \overset{*}{\Rightarrow} \beta$：

$\alpha = \alpha_0$，$\beta = \alpha_n$，而对 $i = 0$，$\cdots$，$n-1$，$\alpha_i \Rightarrow \alpha_{i+1}$。

因为括号是为清楚起见而加在索引周围的，当在字符串中遇到（）时，我们应该把它们除去。除去的方式可以在规则集 P 中，对每个左项符 A 增加有关规则。

给定一 IG 语法，其语言定义为所有合法终结字符串的集合。合法终结字符串是指由初始符 S 出发，运用 P 中重写规则而派生得终结字符串。即，

$L = \{\alpha \mid \alpha \in V^*; S \overset{*}{\Rightarrow} \alpha\}$ 注意，α 中，空括号（）已经除去。

二 自动机的定义

定义 3.3 确定有限自动机是一个七元组 $M = (Q, I, U, \delta, \sigma, q, F)$，其中

$Q = \{s \mid s$ 是自动机内部状态$\}$，且 Q 是有限集合

$I = \{a \mid a$ 是输入字符$\}$，且 I 是有限集合

$U = \{u \mid u$ 是输出字符$\}$，且 U 是有限集合

δ 是定义域为 $Q \times I$，值域为 Q 的状态转移函数

σ 是定义域为 $Q \times I$，值域为 U 的输出函数

q 为初始状态

$F \subseteq Q$ 为终止状态集

它常见的两个退化形式是转录机和接收机。

转录机是一个六元组 $M = (Q, I, U, \delta, \sigma, q)$，其中各个元的定义如上。接收机是一个五元组 $M = (Q, I, \delta, q, F)$，其中各个元的定义如上。换言之，转录机是有限自动机中 F 为空的情形，而接收机是有限自动机中没有输出的特例。

给定一字符串 $\alpha = a_0 a_1 \cdots a_n$，初始时，有限自动机 M 处于状态 q_0，从 a_0 开始，根据状态转移函数 δ 转移到另一状态 $q_1 = \delta(q_0, a_0)$，根据输出函数 σ 在一输出带上印出字符 $\sigma(q_0, a_0)$，并将读/写头在输入/输出带上各向右移动一格。此时，M 便处于状态 q_1，读字符 a_1。重复以上步骤，一直到 M 读完 a_n。如果，M 处于某一终止状态，即 F 的一个元素，那么，我们就称 M 接受字符串 α；否则，M 读完 a_n 但不处于任一终止状态，或者，在其过程中 δ 没有定义，我们就称 M 不接受字符串 α。

由 M 定义的语言 T（M）就是被 M 接受的字符串全集。

不确定有限自动机和确定有限自动机基本相同，唯一不同的是，现在状态转移函数 δ 的值是一个状态集，而不是一个状态。因为它的值是一个状态集，所以，从一个状态可以转移到多个状态。这也就是称为不确定的原因。

定义 3.4 下推自动机是一个七元组 $M = (Q, \Sigma, \Gamma, \delta, q_0, Z_0, F)$，其中

$Q = \{s \mid s$ 是自动机内部状态$\}$，且 Q 是有限集合

$\Sigma = \{u \mid u$ 是输入带上字符$\}$，且 Σ 是有限集合

$\Gamma = \{u \mid u$ 是栈上字符$\}$，且 Γ 是有限集合

$q_0 \in Q$ 为初始状态

$Z_0 \in \Gamma$ 为栈中一个特殊符号，表明栈底

$F \subseteq Q$ 为终止状态集

δ 是定义域为 $Q \times (\Sigma \cup \{\varepsilon\}) \times \Gamma$，值域为 $Q \times \Sigma^*$ 的有穷子集的

状态转移映照。

对下推自动机来说，状态转移 δ（q，a，Z）= ｜（p_1，γ_1），（p_2，γ_2），…，（p_n，γ_n）｜意味着下推自动机在状态 q，它的栈顶是 Z，并读输入字符 a 时，可以进入任何状态 p_i，用 r_i 在栈顶取代 Z，并读输入中 a 的下面一个字符。注意的是，在选择状态和字串时，两者的下标 i 必须相同。若状态转移是 δ（q，εZ）= ｜（p_1，γ_1），（p_2，γ_2），…，（p_n，γ_n）｜，这意味着不管输入字符是什么，下推自动机在状态 q，栈顶是 Z 时，可以进入任何状态 p_i，用 r_i 在栈顶取代 Z。但是，此时下推自动机仍然读着原来的那个输入字符。一个特殊的情况是 δ（q，a，Z）只含一个元素，这时称之为确定下推自动机。

显然，下推自动机的状态，栈中字符串以及输入中尚未处理的那部分字符串这三者完全决定了下推自动机分析某输入字符串的情况。因此，三元组（q，w，γ）被用来描述下推自动机分析字符串的各个步骤。而下推自动机从一个合法步骤转移到另外一个合法步骤是由状态转移映照来规定。严格地说，如果在下推自动机 M 中，（p，β）$\in \delta$（q，a，Z）我们就称（q，aw，$Z\alpha$）$\underset{M}{\vdash}$（p，w，$\beta\alpha$）为合法转移。零或多次合法转称就记为 $\underset{M}{\overset{*}{\vdash}}$。

表 3.1

状态	未处理输入字符串	栈	所运用的状态转移规则
0	abbcbba	$\in$	–
0	bbcbba	A	1
0	bcbba	BA	2
0	cbba	BBA	2
1	bba	BBA	3
1	ba	BA	5
1	a	A	5
1	$\in$	$\in$	4

下推自动机 M 所接受的语言便定义为下面的字符串集合：

$$T（M）= ｜w｜（q_0，w，Z0）\overset{*}{\vdash}（p，\varepsilon，\gamma），p\in F，且 \gamma\in \varGamma^*｜$$

例 3.5 下推自动机 $M = （Q，\Sigma，\Gamma，\delta，q_0，Z_0，F）$ 接受语言 $L =$ $\{wcw^R \mid w \in \{a，b\}^*\}$，其中，$Q = \{0，1\}$，$\Sigma = \{a，b，c\}$，$\Gamma =$ $\{A，B\}$，$q_0 = 0$，$Z_0 = \#$，$F = \{1\}$，δ 的定义如下：

1. $(0，a，\varepsilon) \vdash \{(0，A)\}$
2. $(0，b，\varepsilon) \vdash \{(0，B)\}$
3. $(0，c，\varepsilon) \vdash \{(1，\varepsilon)\}$
4. $(1，a，A) \vdash \{(1，\varepsilon)\}$
5. $(1，b，B) \vdash \{(1，\varepsilon)\}$

其中，ε 表示空字符。

对于输入 abbcbba，下推自动机 M 的处理步骤如表 3.1 所示。

为简便起见，我们常常把 Γ 和 Σ 设为相同。在上例中，就相当于 A 被 a 取代，B 被 b 取代。

定义 3.5 图灵机是一个七元组 $M = （Q，\Gamma，\Sigma，\delta，-，q_0，F）$，其中

$Q = \{s \mid s$ 是自动机内部状态$\}$，且 Q 是有限集合；

$\Sigma = \{u \mid u$ 是输入/输出带上字符$\}$，且 Σ 是有限集合；

$\Gamma = \Sigma \cup \{B\}$，$B$ 表示空白字符；

δ 是定义域为 $Q \times \Sigma$，值域为 $Q \times \Sigma \times \{R，L，S\}$ 转移函数，R，L 和 S 分别指右移一格，左移一格以及停止不动；

$-$ 属于 $Q - I$ 的空格元素；

q_0 为初始状态；

$F \subseteq Q$ 为终止状态集。

给定字符串 α，存放于输入/输出带上，开始时，M 处于状态 q_0，它的读/写头扫描着 α 的最左字符。根据转移函数 δ 的定义，即对于目前状态及正扫描着的字符，M 改变当前状态，读/写头扫描的字符，以及读/写头的位置。重复这个步骤直至 M 进入某一终止状态；或者，在其过程中 δ 没有定义，即 M 停止工作。前者称之为 M 接受字符串 α，后者称之为 M 不接受字符串 α。

严格地讲，我们对于 M 的每个情况，定义格局为 $(q，\alpha，i)$，这里，$q \in Q$，α 是字符串，i 是个整数，表示读/写头相对于 a 左端的距离。图灵机 M 通过如下转移动作而引起格局变化：

假设（q，$A_1A_2\cdots A_n$，i），$1\leqslant i\leqslant n+1$ 是当前 M 的格局，如果（p，A，R）$=\delta$（q，A_i），$1\leqslant i\leqslant n$，则，

（q，$A_1A_2\cdots A_n$，i）M（q，$A_1A_2\cdots A_{i-1}AA_{i+1}\cdots A_n$，$i+1$）

即 M 的读/写头在 i 位置写上 A，该位置上原来的 A_i 就消失了，并且读/写头向右移动一格，从 i 变化为 $i+1$。

如果（p，A，L）$=\delta$（q，A_i），$2\leqslant i\leqslant n$，则，

（q，$A_1A_2\cdots A_n$，i）$\vdash M$（q，$A_1A_2\cdots A_{i+1}AA_{i-1}\cdots A_n$，$i-1$）

即 M 的读/写头在 i 位置写上 A，该位置上原来的 A_i 就消失了，并且读/写头向左移动一格（从 i 变化为 $i-1$）；注意，图灵机不可以移出带的最左端。

当 $i=n+1$，即 M 的读/写头超出原字符串的右端，注视空白符时，如果（p，A，R）$=\delta$（q，B），则，

（q，$A_1A_2\cdots A_n$，$n+1$）M（q，$A_1A_2\cdots A_nA$，$n+2$）如果（p，A，l）$=\delta$（q，B），则，

（q，$A_1A_2\cdots A_n$，$n+1$）M（q，$A_1A_2\cdots A_nA$，n）。

对两个格局 X，Y，如果 XMY，称 Y 是由 X 通过一次动作而得。如果，Y 是由 X 通过数次动作而得，则记为 $\vdash^*_{XM}Y$。

由图灵机 M 接受的语言则定义为：

T（M）$=\{\alpha\mid\alpha\in\Sigma^*$，$(q_0,d,1)\vdash^*_M\}$（$q$，$\beta$，$i$），$q\in F$，$\beta\in\Gamma\}$

线性带限自动机是一个确定的单带图灵机。它的读/写头不能超越原输入带上字符串的初始和终结两端（即左右两端）。换句话说，线性带限自动机的存储空间被输入字符串的长度所限制。

定义 3.6 线性带限自动机是一个七元组 $M=$（Q，Γ，Σ，δ，$-$，q_0，F），其中

$Q=\{s\mid s$ 是自动机内部状态$\}$，且 Q 是有限集合；

$\Sigma=\{u\mid u$ 是输入/输出带上字符$\}$，且 Σ 是有限集合；

$\Gamma=\Sigma\cup\{B\}$，B 表示空白字符；

δ 是定义域为 $Q\times\Sigma$，值域为 $Q\times\Sigma\times\{R,L,S\}$ 转移函数，R，L 和 S 分别指左移一格，左移一格以及停止不动；

$-$ 属于 $Q-I$ 的空格元素；

q_0 为初始状态；

$F \subseteq Q$ 为终止状态集。

和一般图灵机不同的是，Σ 含有两个特定符号，$\mathcal{c}$，$\$$，分别是输入字符串左右两端的标志。它们的作用是阻止读/写头移出左右两界。

和图灵机相同，我们可以定义格局。对于格局转移动作，线性带限自动机和图灵机略有不同：

假设 $(q, A_1A_2 \cdots A_n, i)$，$1 \le i \le n+1$ 是当前线性带限 M 的格局，如果 $(p, A, R) = \delta(q, A_i)$，$1 \le i \le n$，则，

$$(q, A_1A_2\} \cdots A_n, i) \vdash_M (q, A_1A_2 \cdots A_{i-1}AA_{i+1} \cdots A_n, i+1)$$

这里，M 的读/写头在 i 位置写上 A，该位置上原来的 A_i 就消失了，并且读/写头向右移动一格（从 i 变化为 $i+1$）。此解释与图灵机的相同，唯一不同的是对 i 的限制，因为线性带限自动机的读/写头不能移出输入字符串所占位置，即从 1 到 n。

如果 $(p, A, L) = \delta(q, A_i)$，$1 < i \le n$，则，

$$(q, A_1A_2 \cdots A_n, i) \vdash_M (q, A_1A_2 \cdots A_{i-1}AA_{i+1} \cdots A_n, i-1)$$

这里，M 的读/写头在 i 位置写上 A，该位置上原来的 A_i 就消失了，并且读/写头向左移动一格（从 i 变化为 $i-1$）；此条件与图灵机相同。

对于 i 超出 1 到 n 这个范围，转移动作没有定义。

如果 Y 是由 X 通过数次动作而得，则记为 $\vdash_M^* Y$。

同样地，由 M 定义的语言就是被 M 接受的字符串全集，它可定义为：

$$T(M) = \{\alpha \mid \alpha \in \Sigma^*, (q_0, \alpha, 1) \vdash_M^* (q, \beta, i), q \in F, \beta \in \Gamma\}$$

上面的定义可以看出，各类自动机的主要区别是它们能够使用的信息存储空间。有限状态自动机只能用状态来存储信息。下推自动机除了可以利用状态外，还可以用栈。线性带限自动机可以利用状态，加上输入/输出带本身。因带没有"先进后出"的限制，其功能大于栈。而图灵机的存储空间是没有限制的。

定理 1：从识别语言能力的角度上，有限自动机，下推自动机，带限自动机和图灵机分别对等于正则语言，上下文无关语言，上下文有关语言，和递归可数集合。更明确地说，如果 $G = (N, V, P, S)$ 是正则语言，则，存在有限自动机 $M = (Q, I, U, \delta, \sigma, q, F)$，使得 T

（*M*）= *L*（*G*）；反之亦然。对下推自动机，带限自动机图灵机和上下文无关语言，上下文有关语言和递归可数集合等其他三种情况，这种等价关系也成立。

　　从上面的一系列定义可以看到，用规则方式来定义语言有表示明了，各成分之间结构关系清楚的优点。但是，如果要直接地用这些规则来确定一个字符串是否属于这套规则所规定的语言似乎并不十分明显。而，由自动机方式来定义语言时识别一个字符串是否属于该语言则是相对简单，只要根据转移函数所规定的状态和动作进行操作即可；遇到给定状态和输入情况下有多个可取操作时，只要妥善标志已经试过的操作，继续还未尝试过的那些操作。如果达到终止状态，则认为该一个字符串是属于此语言；否则，直至穷尽各种操作为止。另一方面，自动机方式对于描述语言结构是很欠缺的。在后面所要介绍的识别和分析算法中，大多是意取两者之长。

第四章　语法理论和表示形式

虽然四类语法各有千秋，但并不足以有效地表示自然语言。以 MIT 学者乔姆斯基为首的一些语言学家，于 50 年代创立了生成语法学派，并于 80 年代初提出了管辖与约束理论（简称为 GB 理论，Chomsky，1980〔24〕）。创导者不仅希望这个理论能描写自然语言，它的结构、意义，且通过它来揭示人类语言的共性和人类思维奥秘。受 GB 理论的影响，另一些研究人员也陆续提出了其他理论，如词汇功能语法（LFG），广义词组结构语法（GPSG），树连接语法（TAG），链语法（Link Grammar），等等，试图更好地解释或处理一些语言现象。下面，我们一一作个简介。在符号学派中，也有些语言学理论。如认知语法学，系统语法学，我们不在这里作介绍。

第一节　GB 理论

GB 理论认为语法由两大系统构成，即规则系统和原则系统。规则系统包括词汇规则，语类和转换规则，语音规则，以及语义规则等子部件。词汇规则说明每个词的词法（如单复数变化）和语言结构（像如何发音），它们的语类结构（如 +N 表示名词性）和上下文结构特征（如是否可带宾语）；语类规则形式上是上下文无关语法规则，但规则本身有明确的限制，这些限制由$\overline{\text{X}}$理论详细说明。通过将词项插入语类规则所生成的结构，词汇规则和语类规则产生了 D-结构。当然，词项插入结构时它们的特征结构必须一致。然后，转换规则将生成的 D-结构对应到 S-结构，并使得 S-结构中的移出成分和其留下的语迹同指。而语音规则和语义规则部分则把语音形成（PF-form）和逻辑形式（LF-form）赋予 S-结构。语音形式是一种表层结构，与人们见到的句子很近。逻辑形式接近于谓词逻辑的表示。

随着 GB 理论的发展，一些规则逐渐被更一般的原则系统所取代。这些原则系统包括$\overline{X}$-理论，管辖理论，格理论，θ-理论，约束理论，控制理论和界限理论。

$\overline{X}$-理论以上下文无关语法为基本骨架。这系统认为，无论哪种词组，其构成均以中心语加上补足语，或中心语加上标志语方式，形式上为：

$X^n \rightarrow \text{SPEC} \quad X^{n-1}$

$X^{n-1} \rightarrow X^{n-2} \text{COMP}$

其中，SPEC 为标志语，COMP 为补足语，而 X^i 为中心语。

格理论属于句法结构的范围。它表示句中各成分之间关系，以及这种关系实现的形式手段。确定在怎样的结构条件下和在句子生成的哪个阶段，一些词，如动词、介词可以赋格，哪些词必须取得格。需要注意的是，这里的格既包括可见格，如俄语中的六个格（主语，宾语，间接宾语，所属，工具，介词等格），也包括隐性格，如汉语、英语中的格。因此，格理论研究的是一种抽象格。格理论对词组移位后留下的语迹是否能取得格也作了相应的规定。词组移位是一个非常普遍的语言现象。如汉语中 1a 和 1b 都合语法，且意义相同。GB 认为 1a 是与 1b 有一样的 D-结构 1c。1a 是由 1c 出发，把"那本三国演义连环画"从句末移至句首，并留下语迹 t 而成 1d，而 t 在句中隐形而成为 1a。所以，我们看到的是 1a。t 和"那本三国演义连环画"之间的关系也称为长距依赖关系。

例 4.1 词组移位

1a 〔那本三国演义连环画〕，王小二看完了。

1b 王小二看完了〔那本三国演义连环画〕。

1c 〔王小二〔看完了〔那本三国演义连环画〕〕〕

1d 〔〔那本三国演义连环画〕，〔王小二看完了 t〕〕

管辖理论试图从结构上来定义句中哪些成分可以管辖从而可以赋格给另外一些成分。可以赋格的成分称之为主管成分（如动词、介词等），受其管的成分称之为受管成分（如名词、形容词等），而这种关系称之为管辖关系。管辖理论研究成为主管，受管成分的结构条件；代词，空语类以及它们的先行词之间的管辖关系如何。

θ-理论是属于语义范围。它研究词语所处的句法位置与它们在句子描写的动作中所起的作用的关系。它试图揭示句中陈述的行为，各个行为参与者的性质和相互关系，以及这些参与者在句子位置中应受到何种限制。参与者的角色包括谁是行为的发动者（施事），行为的承受者（受事，或主题），行为的地点、主题的来源、目的地，等等。这些角色统称为题元（θ-role）。θ-理论规定，在句子中，每个题元必须以名词组的形式出现且只应出现一次。比如，汉语中动词"开了"其主语位置可以是施事，也可以是受事。但"开了"的宾语位置只能是受事。相比之下，"推"的主语位置只可以是施事。

例 4.2　句法位置与题元（θ-role）

2a　老张开了大门。

2b　大门开了。

约束理论研究的是名词词组之间的指称关系，在怎样的结构范围内（辖域），代词（如你、我、他、她、它），反身代词（如自己），指称语（如这人、那头水牛），空语类等可以受到先行词约束和先行词同指。

例 4.3　水边草地上，一头牛啃着嫩草，放牛娃背对着它在吹笛。

这里，"一头牛"是"它"的先行词。

控制理论研究的对象是 PRO，它怎样受到先行词控制。PRO 是一个空语类，它一定得有一个先行词同时又有代词的性质。如句中：

i) S　　→　　　　NP　　　　　　　VP

　　　　$\langle x^0$ 主语$\rangle$ = x_1　　　$x^0 = x^2$ $\langle x^1$ 数$\rangle$ = $\langle x^2$ 数$\rangle$

图 4.1　归一规则的例子

例 4.4　老张叫儿子〔PRO 去买点酒来〕

"去买点酒来"来的主语 PRO 是与"儿子"同指，而不是与"老张"同指。

界限理论则研究在一些移位情况下，如何用界限线点（如 S 结点，NP 结点）来对移位转换加以限制，使得语迹与移走成分之间的间隔不超过一定的界限。

上述诸理论是相互关联的。约束理论、格理论均讨论管辖；格理论、θ-理论则在结构和语义两个层次上讨论同一现象；约束理论和控制理论都是研究名词性词组之间同指问题；等等。

GB 是由这些理论相互交互、补充、限制，来解释许多语言现象。用原则系统来描述语法可以使其简单明了。原先类似的规则由几条原则来替代。而不同语言之间的差异更可以通过对原则中的一些参数设置而实现，无须重新提出一套规则。

GB 的中文参考书可参阅徐烈炯教授的著作〔111〕。

第二节　词汇功能语法

词汇功能语法（Kaplan and Bresnan, 1982〔56〕；Sells, 1985〔93〕）认为句子由两个相互独立的层次来描述，成分结构层次和功能结构层次。成分结构用以描写句子成分之间的结构关系，而功能结构则用来描写句子主语，谓语等等的语法功能关系，并强调词汇在决定所带从属词汇中的作用。同时，词汇功能语法把句子分析的可计算性作为它的一个基本目标。

由于词汇功能语法认为在这两个层次之间，没有一一对应的关系，它采用归一算法来将这两个层次的信息综合。归一算法的中心思想是把来自不同部分的信息，相互补充、相互限制和积累，而成为和谐的一个整体。它的基本表示结构是特征结构。特征结构是由特征名及特征值所组成的对 <特征名，特征值 >。而特征值本身又可以是其他的名、值对，或简单值。举例来说：

例 4.5 特征结构归一

5a　他们都出去了。

5b　他都出去了。

假定语法中有一条规则如图 4.1 所示，

这条规则说明，句子是由名词词组 NP（充当主语）和动词词组 VP（充当谓语）组成。x0, x1, x2 分别指与 S, NP, VP 相对应的特征结构。x0 的特征"主语"必须和 x1 一致，x1 的"数"必须和 x2"数"一致。

句 5a 中"他们"具有特征结构 < <数，复数 >，<人称，第三 >，…>"都出去了"具有特征结构 < <数，复数 >，<量词，全

称>，…>。根据规则 i）这两个词组归一之后，形成了一个词组 S 具有如下特征结构，<<数，复数>，<人称，第三>，<量词，全称>，…>。

而句 5b 中"他"具有特征结构 <<数，单数>，<人称，第三>，…>"都出去了"具有与句 5a 相同的特征结构 <<数，复数>，<量词，全称>，…>。根据规则 i）这两个词组归一不能成功，因为对具有相同特征名的两个特征子结构 <数，单数> 和 <数，复数>，它们的特征值不一致。这样，句子 5b 便被排除在合法之外。从数学的角度来看，成分的特征结构是一种函数（也就是功能）。如句 5a 中 NP 所对应的特征结构 x1，它的特征名和特征值表示为 f（数）＝复数，对成分 S 的特征结构 x0，f（主语）＝ x1，f（主语）（数）＝复数，后者可简写为 f（主语数）＝复数。其中，f（主语数）不是两元函数，而是复合函数。

为了解决如句 6 中的长距依赖语言现象，不同于 GB 中的语迹概念，LFG 引入了特征结构包含关系。

例 4.6 长距依赖现象

6a 〔那本三国演义连环画〕，王小二看完了。

6b 王小二看完了〔那本三国演义连环画〕。

特征结构 f 包含另一特征结构 g 当且仅当存在一个特征名 n 使得（fn）＝ g，或（fn）包含 g。f 包含 g 记为（f…）＝ g。（fn）＝ g 也可写成 f（n）＝ g。

6a 便可用以下规则来描写：

ii) S'   — — >   XP   S
           $<x0$ 主题$>$ = $x1$ $x0$ = $x2$
           $<x0$ … $>$ = $x1$

这条规则直观地说在 S'（或 S）中的某个成分与 XP 相一致。用于 6a，XP 是"那本三国演义连环画"，而 S'（或 S）中的那个与其一致的成分就是"看完了"的宾语。

LFG 对代词和其先行语同指关系的描写是通过引入两个专用的特征。这两个特征用来记录代词和其先行语是否在同一有效界限（最大成分）内，以及先行语是否是主语，从而有关同指的决定便可由此而得。当然，合格条件的检验和同指的实现都是通过归一算法。对归一算法我们在后面的章节会详细介绍。

第三节　广义词组结构语法

广义词组结构语法（简称为 GPSG，Gazdar et al，1985〔38〕；Sells，1985〔93〕）提出的一个主要目的是废止生成语法中转换规则的应用，只用表层结构。这样做是为了将结构简单化，消除由转换规则而引入的一些生成能力过强问题。它的语义解释是采用模型理论，并将语义解释与每个结构直接相配的方式来实现结构与语义之间相互制约，相互补充。

在 GPSG 中，上下文无关语法规则被直接居上规则所取代。直接居上规则是用来描写成分结构的上下关系（如 NP 在结构中居于它的子成分 N 之上）。直接居上规则有词汇直接居上规则和非词汇直接居上规则两种。词汇直接居上规则右边的中心语是词汇，同时也带着词的子类标志（如及物动词、不及物动词，等等）。

一条直接居上规则只能产生一个候选结构，描写句子的局部树形。直接居上规则具有上下文无关语法规则的形式，但是规则的右边并不规定成分先后次序。成分先后次序由领先规则来描写。直接居上规则的终结符和非终结符除了用词（组）类来刻画外，许多特征也被用来进一步地描写规则所对应的树形结构。这些特征包括名词性特征 N，动词性特征 V，被动式特征 PAS，动词子类标志（如及物，非及物），成分层次的高低标志 BAR，等等。一个特殊斜线特征尤其值得一提。这个斜线特征是用于处理移位现象或称之为非约束依赖，类似于 GB 中的空范畴。

句子的生成过程是，首先根据句子中的词汇假定一些词汇直接居上规则（规则右边的中心词是词汇，即终结符），然后通过元规则来对这些词汇直接居上规则变形生成另外一些直接居上规则，这些新产生居上规则和一些相关的非词汇直接居上规则一起，通过六条限制原则过滤而得一些合格规则，这些合格规则便形成带有语义解释的树形结构。

元规则是为了语法的简明，避免重复或类似规则的出现而提出的。其作用将一些词汇直接居上规则转换成另外一些词汇直接居上规则，如，把描写主动式的规则转换成被动式规则。值得注意的是元规则只能用于词汇直接居上规则。这个限制是用来避免产生过多规则，从而产生不合法结构。

GPSG 中的六条限制原则，主要说明当一些直接居上规则向树形结构投射时，它们所带的各种特征之间必须满足的种种限制。这些限制包括哪些特征是约束另外特征，一些特征在通常情况下所取得值，子结点上的中心语特征与其父结点上中心语特征应等同（如子结点上的中心语是名词，则父结点上中心语也必须是名词），在诸子结点上的基础特征（如带有 wh – 之类疑问词性质的关系代词特征）归一之后应与其父结点上的基础特征等同，控制语（如主语）的成分特征（如性，数）必须与被控制语（如谓语）的成分特征一致，同一父结点下的各子结点应满足一定的先后关系等。上述各种限制通常是以归一算法来实现。

第四节　树连接语法

树连接语法（简称为 TAG，Joshi，1975〔54〕）是处于上下文无关语法和上下文有关语法之间的一种语法表示形式。它被提出的动机是因为上下文无关语法过于简单，不足以限制一些不合法语言现象，但是上下文有关语法的分析算法过于复杂，不适合实际应用。

直观地讲，在树连接语法中，句子的结构也是用树形式来表示，它的一种基本的操作是剪插。剪插是将树中的某一枝剪断，然后用另外一特殊的子树插入到树中被剪的位置，再将剪下的一枝移接到子树的一个特定位置。见图 4.2，其中树 r^1 中结点 A 是被剪之枝的根结点标号，A 也是特殊的子树 r 的根结点和特定位置的标号。

形式上讲，树连接语法是树改写系统，由五元组 $G = (V_N, V_T, S, I, \mathscr{A})$ 来表示。其中，V_N，V_T 分别为有限集，各不相交，表示非终字符和终字符的集合。S 属于 V_N 是特殊字符，I 和 $\mathscr{A}$ 是基本树的有限集。$\mathscr{I}$ 称为初始树集，$\mathscr{A}$ 为附属树集。在基本树中，内部结点（即非叶结点）均为 V_N 的元素。初始树的根结点都标以 S，而叶结点都标以 $V_T \cup \{e\}$ 中的元素。附属树的树叶结点除一个特殊结点之外均为 $V_T \cup \{e\}$ 中的元素。而那个特殊的叶结点与其根结点具有同样的标号。这叶结点称为脚结点。

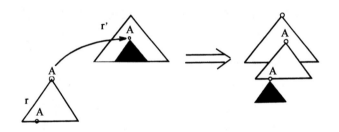

图 4.2 TAG 的剪插操作

TAG 的派生过程是基于剪插操作，其定义如下：设 r 是一棵附属树，根（脚）结点为 $A \in V_N$，r' 是包含标以 A 结点 m 的任一树。让 T 为 r' 中根是 m 的子树。r 在 m 处剪插 r' 的过程如下：

1. 将子树 T 从 r' 中剪下；

2. 将附属树 r 插入 r' 中原 m 结点的位置，即 r 的根结点替代结点 m 位置；

3. 将子树 T 接到 r 的脚结点，即 r 的脚结点代之以子树 T 的根结点 m。

TAG 中的派生过程是如下定义的：

设 r 为基本树（属于 I，或 $\mathscr{A}$），r' 是由 r 通过一系列剪插操作而得，r' 的叶子序列 $x \in V_T^*$，则称 r 在 G 中派生出 x；如果 $r \in \mathscr{G}$，r' 的叶子序列 $xAy \in V_T^* V_N V_T^*$，则称 r 在 G 中派生出 < x, y > 对。

特别地，V_T^* 中所有在 G 中派生出来的字符串集是 G 的语言，记为 L（G）。而这些字符串的派生树，便是它们的结构描写，或称之为分析树。一个字符串的所有分析树就是分析森林。

第五节　链语法

直观地讲，链语法（Sleator and Temperley，1993〔98〕）试图用链的方式来描写相邻成分中心词之间的连接关系。链语法的生成能力等价于上下文无关语法。但是，上下文无关语法只强调成分之间的层次与前后关系，而链语法的重点是成分中心词之间的关系。举例来说：

图 4.3 中，"小王"与"去了"是用"主语链"s 相连；在这链中，"去了"所带的是主语链座（左接），而"小王"所带的是主语链头

（右接）。"去了"同时还带宾语链头（o）与"植物园"的宾语链座相连。类似地，"昨天"与"去了"是用"时间链"（t）相连；而"上海"与"植物园"是用"名词定语链"（an）相连。

值得注意的是，两词要合法地连接，它们必须带有同一类链，且一词带链头，另一词带链座（犹如电路中的插头与插座）。

一个句子的合法分析链结构称之为链系统。而语法分析图即是由一些链系统组成。句子的合法链系统必须满足一定的条件，如句中各链不能交叉等。

严格地讲，链语法是由一组词汇及相应词的定义所组成。词的定义（或匹配结构）是由一列逻辑选言肢（即逻辑或）组成。每个选言肢 d 则是两个有序列：

$$w = (d_1 \vee d_2 \vee \cdots \vee d_k)$$
$$d = ((l_1, l_2, \cdots, l_m)(r_n, r_{n-1}, \cdots, r_1))$$

其中，$d \in \{d_1, d_2, \cdots, d_k\}$，而 l_i 称为左链，r_j 为右链。带选言肢 d 的词 w 可以与处在该词两边的其他词相连接，但是从左边相连的那些词必须与 $l_1, l_2, \cdots, l_m$ 中的链分别匹配，不能有重复，也不能遗漏；从右边相连的那些词必须与 $r_n, r_{n-1}, \cdots, r_1$ 中的链分别匹配，不能有重复，也不能遗漏。

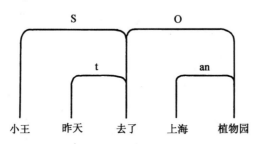

图 4.3　用链语法表示句子的一个例子

如"去了"可带选言肢（(st)(o)），"小王"，"昨天"分别有（()(s)），（()(t)），而"植物园"带（(an o)()）。

句子的链系统必须满足以下四个条件：

1. 连接性：词（结点）及链（边）所形成的分析图必须是连通图；
2. 平面性：句子中的链不能交叉，即分析图必须是平面图；
3. 有序性：对句中任保一词 w 被采用的选言肢 $d = ((l_1, l_2, \cdots,$

l_m）（r_n，r_{n-1}，$\cdots$，r_1）），与 l_i（或 r_j）相连的词和 w 的距离随着 i（或 j）增加而增加。

4. 排它性：一对词之间最多只能有一个链。

如同逻辑中的公式简化或四则运算中的因式分解，对每词的匹配结构也可以简化，从而词的匹配结构又称为词的公式。

第五章　语言的识别与分析

给定一组语言合法性规则（语法）或其他的语言描述（如自动机），可以提出三个问题：1）某个输入字符串是否属于这个语言；2）相对于给定的语法，某个输入字符串是怎么样推导出来的，或这个字符串各个成分是什么，它们的内部结构又是怎么样的；3）如果一个字符串有多种合法的推导，或多个结构表示，哪一个比较合适。第一个问题是语言的识别，第二个是语言的分析，第三个则是歧义分解。这第三个问题也可归入第二个之中而合一为语言的分析。常常希望得到的结构关系有诸成分之间的前后关系，居上关系，主从关系，等等。常见的结构表示方法是树形图（简称树），森林和一些变形体。

一般说来，语法所处的层次越简单，其分析算法也越快。而大多快速算法都是通过动态规划的原理来实现。要能够运用这个原理，有个先决条件，就是所要解决的问题必须可以被分成独立的子问题。而子问题的解法是与原问题的解法相同。我们在下面讨论具体分析算法的过程中会提醒。有关动态规划方法的更详细讨论，读者可以参考有关计算机算法的书籍。

在以前的章节中，我们曾提到四类重写规则与相应自动机等价。下面我们可以看到，分析算法也常常会从两个方向着手，即重写规则和自动机。

值得注意的是，语言分析中的许多方法与计算机科学中的编译理论同出一源。且这种交流在不断地进行之中。这里我们将介绍一些至今具有影响的算法，以及一些自然推广。

第一节　有限状态语法的识别和分析算法

在前面的章节中，我们提及有限状态语法（简称为 FSG）可用正则形式或有限自动机来表示，两种表示是等价的。对于确定性有限状态自动机（简称为 FSA），识别算法很简单，只要根据当前状态和状态转移函数再看输入带上当前所处理的字符来决定是否应拒绝该字符串，或继续识别，或接受。另外，识别 FSG，也可以从识别正则形式着手。对于非确定性有限状态语法，算法就比较复杂，但存在次线性算法来识别一个字符串是否属于给定的正则语法〔72〕。

由于 FSG 是上下文无关语法（CFG）的子集。以下所有算法也适合于 FSG。

第二节　上下文无关语法的识别和分析算法

上下文无关语法简称 CFG。对它的分析算法有最多的研究。下面来看看重要的几个。

一　移进—归约法

移进—归约法（简称移归法，Aho and Ullman，1977〔2〕；Aho et al，1986〔3〕）是属于从自动机方向着手的一种分析方法。移归法的主要信息存放方式是栈，主要操作有移进，归约，拒绝，接受。直观地讲，移归法是利用一个栈存放有关历史（过去）信息，并且依据这"历史"信息和当前正在处理的字符串来决定采用下面两个操作中的哪个：移进，把一个尚未处理过的字符移入栈顶，并待更多的信息到来之后再作决定；或者归约，把栈顶部分的一些字符，由某生成规则的左端符来替代，这时，该生成规则的右部必须与栈顶部分的那些字符相同。如此对栈以及输入字符进行两种操作，直至输入的字符均已处理完且栈中仅存句始符 S，那时接受输入字符串；或者，对于当前状态，既无法进行归约，也无法进行移进，且此时，栈中并非只有惟一句始符 S，或者，输入中还有字符未被处理，则拒绝输入字符串。

在一个时刻，常常既可以进行移进操作，又可以进行归约操作；或者有多个规则同时满足归约条件。前者称之为移归冲突，后者称之为归归冲突。何时应作移进操作，何时应作归约操作，以及如何定义归约条件便是移归法算法的中心问题，也是区分各种具体算法变体的重要之处。

移归法的一个关键问题是找到移进条件和归约条件。如把归约条件定义为栈顶的部分字符串与规则右边的字符串相同，我们就可以得到最简单的移归算法。但是这个算法必须附加一个回溯法才能正确地分析 CFG。我们先举一个例子来看一看。

例 5.1 给定语法 G 的规则集：

1. $S \to aBcD$

2. $B \to b$

3. $D \to Dd$

4. $D \to d$

S 是句始符，大写字母为非终结符，小写字母为终结符。

给定输入 abcdd，则算法的状态变化情况如表 5.1 所示：

表 5.1 算法的状态变化 1

栈	操作	输入
0. #		a b c d d #
1. # a	移进	b c d d #
栈	操作	输入
2. # a b	移进	c d d #
3. # a B	归约（规则2）	c d d #
4. # a B c	移进	d d #
5. # a B c d	移进	d #
6. # a B c D	归约（规则4）	d #
7. # S	归约（规则1）	d #
8. # S d	移进	#

表 5.2 算法的状态变化 2

7'. # a B c D d	移进　　　#
8'. # a B c D	归约（规则3）　#
9'. # S	归约（规则1）　#

到第八步时，分析器既无法移进，又无法归约。而栈中除了 S 外，

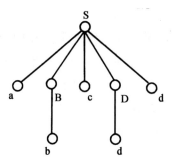

图5.1　abcdd 的一棵分析树

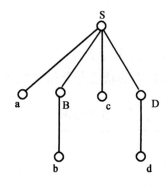

图5.2　对应于分析过程中第七步的局部分析树

还有 d。这时，输入 abcdd 面临被拒绝的情况。然而，如果我们允许在第七步反悔，不作归约，而作移进的话，我们就有以下的情况（如表5.2 所示）。

此时栈中仅有 S，且输入已全部处理完。因此，分析算法接受输入 abcdd 为合法字符串。它的结构分析树如图 5.1 所示。显然，这结果是正确的。上面的第七步在算法中称为回溯。

当输入是属于语言时，回溯机制的加入能够保证输入被接受。当输入不属于语言时，通过多次回溯而没有新的选择可以回溯，输入就会被拒绝。系统地回溯能保证算法的正确。但是回溯同时也造成大量的重复和多余的计算。避免过多回溯的一个方法是对归约条件加以更多的限制。在上例中也就是希望在第七步时，通过归约条件来避免把 aBcD 归约成 S。

马可斯的确定性算法是用人工方法来写这类规则，从而达到废止回溯的应用。这类规定或规则由两部分组成：模式部分及行为部分。模式部分说明栈及缓冲区的内容的何种情况下，分析算法可以执行行为部分所表明的操作。马可斯引入的缓冲区是输入概念的推广。它从左到右按序存放一些已建成的句子成分。所允许查看的缓冲区内容是有限的。这是避免规则的复杂，也是根据人的短期记忆有限这一观察所得。在行为部分所允许的操作有类似于归约，移进，还有将栈顶元素移至缓冲区，或将缓冲区中的成分移出挂到栈顶所放成分结点之下等。有兴趣的读者可以参阅（M. Marcus, 1980〔67〕）。

从上面的分析过程中，我们也可以看到，图5.2对应于原第七步的部分分析树。如果我们在例5.1的语法 G 中增加如下一条规则

5. $S \rightarrow Sd$

而得 G'，则原第一种分析过程可以在第8步继续：

6. # S　　　归约（规则5）　　　　#

而它所对应的分析树如图5.3所示。

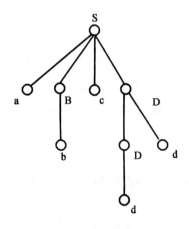

图5.3　abcdd 的一棵歧义分析树

对于新语法 G' 来说，给定输入 abcdd，我们有两棵不同的分析树。我们称这种语法为歧义语法，相应输入字符为歧义句子。对于歧义句子，我们会在后面谈到如何用概率的方法来决定哪棵分析树具有更大的可能。

表 5.3　　　　　　　　　　　　　　歧义化解规则

栈顶	输入	操作
a B c D	d	移进
a B c D	#	归约成 S
……		

　　比较图 5.1 和图 5.3 所表示的两棵分析树，我们可以看到：在有移进 – 归约冲突时，先进行移进相当于把最后的字符 d 放到较低的层次上。换句话说，就是把成分 d 尽早地附加到右邻低层次的成分 D 的下面。（这种方式称之为向右结合）。除此之外，佩日拉在（Pereira，1985〔79〕）还讨论了归约 – 归约冲突时，选择把栈顶上最多元素归约成左端符的那规则来进行归约的情况（这种方式称之为最小附着）。他并且提出了用有限自动机来分解冲突。我们在这里不再谈论。在后面的章节中，我们会谈到用概率的方法来解决这些问题。

　　解决这些冲突的另外一个方法是引入上下文信息。西门子和余（Simmons and Yu，1992〔95〕）把移归法推广到上下文有关语法，为解决这类词组修辞问题提供了另外一条途径。他们算法的主要思想是把栈顶上的数个元素和输入串中尚未处理前数个字符作为上下文条件来决定当前情况下是否应作移进或归约。因实际效率和规则集大小考虑，他们限制查看栈顶上元素数和输入串中字符数各为五。他们的规则形式为：

$$k_m \cdots k_2\, k_1 * c_1 c_2 \cdots c_n \rightarrow 操作$$

　　这里，k_i，$i = 1$，$\cdots$，m 是栈顶上元素，依次从顶到底方向；c_1，$i = 1$，$\cdots$，n 是输入串中尚未处理的字符依次从左向右。

　　接着上面的例子，他们的歧义化解规则可以写成如表 5.2.1 所示，它们说明，当栈顶上的元素是 a B c D 且输入是 d 时，作'移进'操作；当栈顶上的元素是 a B c D 且输入是句末时，作'归约成 S'操作，把栈顶上的 a B c D 归约成 S。

　　要系统地获取这些规则是比较烦琐的。他们在文中提出了如何学习这类规则，并且讨论了当分析时出现特殊输入现有规则无法处理的情况下，如何用近似匹配来挑选相近规则进行处理。

二　由底向上的图表法

由底向上图表方法则是从重写规则出发的一种分析算法〔5，58〕。由底向上图表算法的中心思想是先从输入带的字符出发，在两个相邻字符之间产生一个结点，并在最左字符的左边和最右字符的右边各产生一个结点。然后，在每两个相邻结点之间连一条边，边名为该字符。并将这边记录在一个两维图表上。两维图表中的一维 X 表示边所代表的字符串的起始位置，另一维 Y 表示边所代表的字符串的终止位置。起始时，所有的边都处于两维图表的次对角线上，因为它们的起始和终止位置只相差一。然后，查看任何一条边串是否与某条重写规则右部相同。如果相同，则在一个两维图表位置（X，Y）上，增加一条边表明这边覆盖从 X 到 Y 那个区域的字符串。边名为那条与这边串匹配的重写规则的左端符。接着，继续进行边串与规则的匹配。不过，因为图表是两维的，边成为串必须满足紧邻和不交叉两个条件。紧邻条件是说，相邻两边所对应的字符串子段必须是相连接的；而不交叉条件是说，任何两边对应的字符串子段不能有重叠。如此继续匹配和更新图表，直到图表中（0，N）位置上有句始符 S，或者图表中不会再增加新的边名。这里 N 是输入字符串的长度。我们来看一个例子：

例 5.2 给定语法 $G = (V, N, S, P)$。S 是句始符，$N = \{S, C\}$，$V = \{a, b, c\}$，P 为：

1. $S \rightarrow a\ C\ b$
2. $C \rightarrow a\ C\ b$
3. $C \rightarrow c$

输入是 $a\ a\ c\ b\ b$。

下面我们列出算法的步骤以及图表的变化：

步 1：为每个输入字符产生一个边，并标以字符（见图表〔表 5.4〕及对应的结构〔图 5.4〕）。

表 5.4　　　　　　　　　　　　　初始图表

5					b	
4				b		

续表

3			c			
2		a				
1	a					
0						
	0	1	2	3	4	5

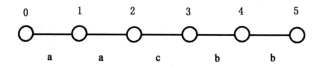

图 5.4 图表对应的结构 1

步 2：将诸规则与图表的边匹配，只有规则（3）与（2，3）中的 c 匹配（见图表〔表 5.5〕及对应的结构〔图 5.5〕）。

表 5.5　　　　　　　　**图表 2**

5				b		
4				b		
3			c, C			
2		a				
1	a					
0						
	0	1	2	3	4	5

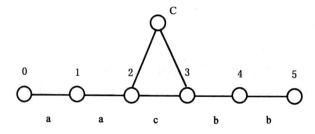

图 5.5 图表对应的结构 2

表 5.6 图表 3

5					b	
4		S, C		b		
3			c, C			
2		a				
1	a					
0						
	0	1	2	3	4	5

步 3：规则 1)、2) 都可与图表中的相应边匹配：图表中位置（1，2）（2，3）（3，4）上的 a，C，b 可连成边串与规则 1) 和 2) 分别匹配成为（1，4）中的 C 和 S（见图表〔表 5.6〕及对应）的结构。值得注意的是，紧邻和不交叉两个条件等同于：对连串中任何相邻两边，居左的 Y 维应与居右的 X 维相同。很明显（0，1）位置上的 a，（2，3）位置上的 C 和（3，4）位置上的 b 就不能形成边串而与规则 1) 和 2) 匹配。

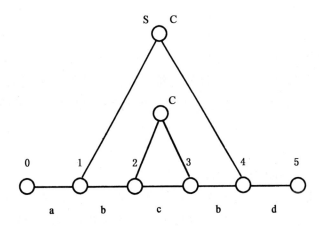

图 5.6 图表对应的结构 3

步 4：与步 3 类似，规则 1)、2) 都可与图表中的相应边匹配：（0，1）中的 a，（1，4）中的 S，C 以及（4，5）中的 b 形成边串 aSb 和 aCb 分别与规则 1)、2) 匹配（见图表〔表 5.7〕及对应的结构〔图 5.7〕）。

表5.7		图表4			
5	S, C			b	
4		S, C	b		
3			c, C		
2		a			
1	a				
0					
	0	1	2	3	4	5

此时，表中（0，5）包含句始符 S。因此，输入是合语法的。

读者可以作为练习检验输入 a a c c 不合语法，从而也无法得到一个图表，使得（0，5）含句始符 S。

对于简单的语法，找边串很容易，而且一条边串不断重复地与不同的规则匹配也没什么问题。像例1中，位置（1，2）中的 a 以及（2，3）中的 C 所组成的边串可多次与规则 1，2 匹配产生冗余。但是，如果语法复杂，就会产生效率问题。解决这个问题的一个技巧是引入点规则。

点规则是在重写规则中的右部加入一点。例如对规则 $A \rightarrow \alpha\beta$ 加点后形成的点规则 $A \rightarrow \alpha \cdot \beta$，它的意义是相对于当前的位置，规则 $A \rightarrow \alpha \cdot \beta$ 的 α 部分已与输入中相应位置的字符串匹配，只留下 β。如果 β 部分与紧接其后的字符串区配的话，此规则就与字符串中某一子段匹配。因此，把 $A \rightarrow \alpha \cdot \beta$ 放入图表的 (i, j) 位置，说明 $A \rightarrow \alpha \cdot \beta$ 已覆盖输入字符串中从 i 到 j 位置。

现在我们给出由底向上图表算法。

由底向上图表算法有三个存放信息的地方：待处理表，它记录着刚刚得到的一些重写规则所代表的成分，那些重写规则的右端符号串与输入字符串中的一段完全匹配；活边集，它记录着那些重写规则，它们的右端符号串的部分与输入字符串的某一段匹配，但还未完全匹配；图表，它记录着那些已建立的成分，这些成分在经过待处理表处理之后，而存放于此。

从字符串的第一个位置开始到最后一个位置，做以下各步骤：

·如果待处理表是空，则找下一个位置上的词，将该词的所有的词

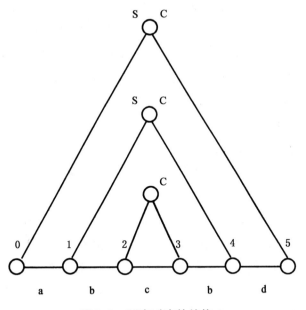

图 5.7　图表对应的结构 4

类附以（P_1，P_2）后均放到待处理表中，这里，P_1 是当前词所在的位置，$P_2 - P_1$ 是该词的长度（如，"红色的"其词类是形容词，长度是 3）。

・在待处理表中，取出一个元素，它的标志成分为 C，位置跨度为（P_1，P_2）。

・对每个规则，$A \rightarrow C_\gamma$，将 $A \rightarrow \cdot C_\gamma$ 加入活边集（P_1，P_2）位置中。

・将 C 插入图表的（P_1，P_2）位置中。

・对每个活边集位置号为（P_0，P_1）的点规则，如果其具有如下形式 $A \rightarrow \gamma \cdot C$ 则将成分 A 加入待处理表的（P_0，P_2）位置中。

・对每个活边集位置号为（P_0，P_1）的点规则，$A \rightarrow \alpha \cdot C \beta$，则将 $A \rightarrow \alpha C \cdot \beta$ 加到活边集（P_0，P_2）位置中。

我们看到因为用了待处理表和活边集，很多重复匹配得以避免。但是，还有很多计算我们可以预先组织和进行。欧雷算法便是一个例子。

三　欧雷算法

欧雷算法〔30〕的直觉意义是用点规则来系统地表示已建成的完

整或部分成分结构，根据它们覆盖输入字符串的位置存放在一个两维表的相应位置 E（i，j）。E（i，j）中每个点规则表明，它们覆盖输入字符串中从 i 到 j 的位置。建构表 E 的过程是从左到右，一步一步向右移，看那些点规则是否能与输入字符串中当前的字符匹配。也就是说，j 是从 0 到 N 一步一步地增加，表示分析器是在处理右边的字符；而 i 是从 j 到 0，是把处理过的成分建成更大的。这种步步为营的方法是我们在前面提到的动态规划方法的最常见的表现。现在让我们来给出具体的算法。

欧雷算法：

给定语法 G =（N，V，S，P），假定 P 中没有 $X \to \in$ 规则，即，规则的右边不是空字符串（e 通常表示空字符串）。输入是 $w = x_1 \cdots x_n$。图 E 中，（i，j）的所有元素是合法的点规则，其与位置 i 到 j 的字符串匹配。

图 E 的初始化：

·对 P 中所有以句始符 S 为左端符的规则 $S \to v$，把 $S \to \cdot v$ 放在 $E_{o,o}$ 中。

·扩展步骤：如果 $B \to \cdot A\mu$ 在 $E_{o,o}$ 中，且 $A \to \alpha$ 属于规则集 P，则将 $A \to \cdot \alpha$ 加入到 $E_{o,o}$ 中。

对输入字符串位置 $j > 0$，重复下面的"移位"，"扩展"，和"归约"三个步骤，直至没有新的点规则可加入 $E_{0,j}$，$E_{i,j}$，…，$E_{i,j}$（即表 E 中的 j 列）：

·移位：如果 $A \to \alpha \cdot x_j \beta$ 在 $E_{i,j-1}$ 中，则把 $A \to \alpha x_j \cdot \beta$ 加入 $E_{i,j}$

·扩展：如果 $A \to \alpha \cdot B\beta$ 在 $E_{i,j}$ 中，$B \in V$，且 $B \to r \in P$，则把 $B \to \cdot \gamma$ 加入 $E_{j,j}$

·归约：如果 $A \to \gamma$ 在 $E_{i,i}$ 中，且在 $E_{k,j}$ 中存在 $B \to \alpha \cdot A\beta$，$k < i$ 把 $B \to \alpha A \cdot \beta$ 加入 $E_{k,j}$

欧雷算法可以在 $c * N^3$ 步内完成。这里，N 是输入句子长度，c 是某常数。当语法 G 不是歧义时，它可以 $c * N^2$ 步内完成。

四　GLR算法

GLR 算法是富田胜在 80 年代中提出来的一个算法（Tomita1985

〔102〕)。它是对移归法的一种改进，或者更直接地说是对 LR 算法的推广，也可以看作对欧雷算法在速度方面的提高。GLR 算法是由以下几个部分组成：

· 分析状态表，它的作用是指导分析器下一步该如何走。

· CFG 语法规则。

· 图栈，它的作用是存储分析过程的历史信息。

我们在这里先不讨论分析状态表是如何产生的。重点是看 GLR 是如何工作的。先让我们来看个例子。

分析状态表 5.9 是由表 5.8 中的语法规则产生的。它有两个部分：一个部分称为动作子表，另一个部分称为状态转移子表。而与 GLR 工作过程有关的表示见图 5.8 以及图 5.9。

表 5.8 一组语法规则

规则号	整序后的 CFG 规则
0	NP → * DET * N
1	NP → * N
2	NP→NP PP
3	PP → * PREP NP
4	S →NP VP
5	S→ S PP
6	START → S
7	VP → * V NP
8	P → * V PP

· 它的最右一列是分析过程中形成的成分，并以一种紧凑的方式来表示。这个表示方式称为分享结点包。包本质上是一些具有相同成分名，并覆盖同样输入区域字符串的结点组成。原来的单个结点，可以看作只含一个结点的结点包。每个结点包都有自己的唯一标号。这最右列中的每一行就是描述分析森林中的一个结点包。描述是由两部分组成，第一部分是结点包本身的标号，第二部分则是结点包的成分名加上它的诸歧义子结点集。所以，图中 3〔NP（0 1）〕说明结点包标号为 3，且是名词词组 NP，它只有一种可能的结构，即由两个子成分结点 0 和结

点 1 组成；图中 14〔NP（8 12）（3 15）〕说明结点包标号为 14，且是名词词组 NP，它有两个歧义结构。其中一个结构包含两个子成分，结点 8 和 12；另一个结构也包含两个子成分，结点 3 和 15。如果结点是终结点的话，它的子结点集部分是以 T 来表示。如图中，5〔* N T〕说明结点 5 是名词且是终结点。

表 5.9　　　　　　　　　　广义动作表和转移表

状态号	广义动作表					转移表			
	* Det	* N	* Prep	* V	$	NP	PP	S	VP
0	s3	s4				1		2	
1			s7	s8			6		5
2			s7		a		9		
3		s10							
4			r1	r1	r1				
5			r4		r4				
6			r2	r2	r2				
7	s3	s4				11			
8	s3	s4	s7			13	12		
9			r5		r5				
10			r0	r0	r0				
11		r3 s7		r3	r3		6		
12			r8		r8				
13		r7 s7			r7		6		

· 图中的最左列是图栈的序号。图栈本身则居中。图栈是有方结点和圆结点交替连接组成。方结点对应于共享森林中的结点包，而圆结点则表示状态，并与分析表中的状态号相对应。应该注意的是，圆结点本身的标号与它所指的状态标号不一样，因为在图栈中不同位置上的圆结点可以指相同的状态。图栈自左向右增长，或反向收缩。图栈中最左的唯一结点是栈底，它具有标号 0。而图栈中最右边可以有多个结点，它们是栈顶。对于相邻的两个结点来说，左边结点称为右边结点的先接结点，而右边结点称为左边结点的后联结点。我们可以把图栈看作是一组栈按照处理的时间顺序而进行的合并。图栈的右边是分析器当前正在处

理的词。词的右边是分析器根据目前情况即将进行的操作，这些操作是从动作表中得来的。对 GLR 而言，所允许的操作有四种，并根据当前情况而被采用：

移进 i：移进当前词，并转移到状态 i（简称为〔si〕）。

接受：它说明当前输入是合法的，分析器接受并返回它的共享森林（简称为〔a〕）。

归约 j：根据规则 j 将图栈中某个分叉顶部与规则 j 右端相同的成分串移出，记下此时的状态号 k，并将规则 j 左端符 LH 放入该分叉顶部。然后，根据状态转移表的相应条目（LH，k）所指的状态。归约 j 简称为〔rj〕。

出错：动作表中空白的条目均是出错。

对输入 “ *Det *N *Prep *N *Prep *N *V *N” 分析器的运行过程是这样的（见图 5.8）。

初始时，分析器处于状态 0，图栈只有一个初始圆结点 0（表明处于状态 0），共享森林是空，而分析器对着输入 “ *Det”。随后，分析器查看动作表条目（0，*Det），它要求分析器做操作移进 3。在第 2 步中，操作移进 3 在图栈中产生方结点 1，它对应于森林中的终结点 1〔*Det T〕。〔移进 3〕同时还产生圆结点 3，表示它处于状态 3。分析器在第 3 步执行〔移进 10〕，产生方结点 2 和圆结点 10。方结点 2 对应于最右端的结点包 2〔*N T〕，而圆结点说明分析器处于状态 10。分析器正读的词是 *Prep。由动作表中可以查出分析器即将执行动作〔归约 0〕。这个动作意味着分析器用第 0 条规则 NP → *Det *N 来将图栈顶端的两个成分 *Det 和 *N 移出，而达到圆结点 0。并为规则中左项成分 NP 产生方结点 3，再根据状态转移表中（0，NP）条目的值，即状态 1，而在图栈中产生状态结点 1（圆结点 1）。查看条目（0，NP）是因为分析器移出第 0 条规则右项的两个成分后，遇到状态结点 0（圆结点 0），而 NP 是因为第 0 条规则的左项是 NP。值得注意的是，图栈中的结点总是方圆交替出现。如此下去，直到分析器读到输入结尾，并且看到动作表中操作 a。

对于一般的 LR 分析器，动作表的每一条目最多只有一个动作，即每一步分析器最多只会面临一个动作。也就是说分析器不会遇到歧义。

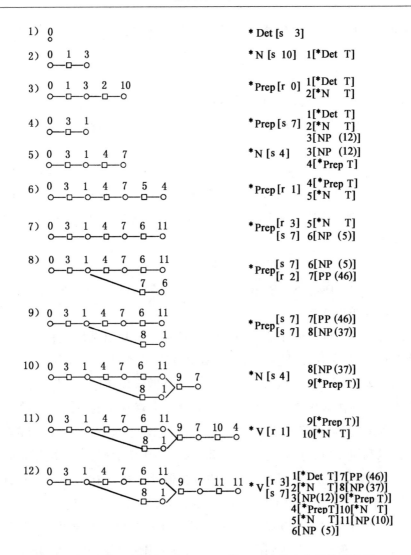

图 5.8　GLR 分析器运行时输入，图栈，以及共享森林的变化情况

但是，GLR 分析算法允许动作表的条目出现多个动作。这样，我们便见到如第 8 步中的岔路。这意味着通常意义上的栈已不能用了。这也是图栈引入的原因。理解图栈可以从下面的一种方法进行：想象一组多个平行栈，它们对应于每个歧义操作。也就是说，对于每个歧义操作，就有一个栈来记录，若在某个时刻，对于某条栈，遇到两个不同的操作，分析器首先将这条栈复制，得到两条相同的栈。然后，分别在这两条栈上执行这两个不同的操作。但是，这组平行栈有个共同的限制，即，在各

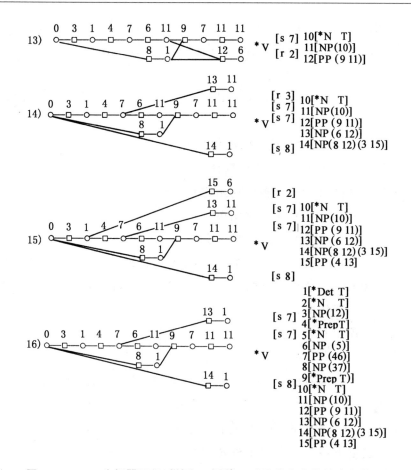

图 5.9 GLR 分析器运行时输入，图栈，以及共享森林的变化情况

栈上，分析器必须同时移进每个位置上的词，保持执行上的同步。因为
这些栈重复的部分很多，利用一组平行栈的方法，既占用很多空间，也
使分析器进行许多不必要的重复计算。图栈就是这一组平行栈在同步位
置上将相同状态结点合并而成。如第十二步中方结点 9 和圆结点 7 是由
两条栈道共同享有。栈上结点共享反映在分析表示上便是共享森林上的
子结点有多个父结点；而共享森林上的结点包对应于几个平行栈中的方
结点，它们的先接状态结点和后连状态结点分别在相同的同步位置上，
且这些方结点具有相同的成分名（见第 16 步中标号为 14 的结点包）。

严格地讲，共享森林 $T = (V, E)$。V 是结点集。$E = \{(v_i S*)\}$，
$S = (v_{i1} \quad v_{i2} \cdots v_{ij}) \in V$。这里 "$S*$" 说明可以有任意多个这种类型 S

出现。如边可以是（v_i（$v_{i1}v_{i2}$）（$v_{j1}v_{j2}v_{j3}$））。GLR 分析算法主要由主控、词分析、动作预处理、归约器、移进器等五个部分组成。

主控程序

输入：CFG 语法 G（CFG 规则，动作表 ACTION，状态转移表），字符串 $= a_1\cdots a_n$

・图栈 $\Gamma \Leftarrow \{\}$（图栈的初始化）

・共享森林 $T \Leftarrow \{\}$（共享森林的初始化）

・共享森林根 $r \Leftarrow 0$（根的初始化）

・$a_{n+1} = \#$（# 表示字符串结束）

・在图栈 Γ 中产生状态结点 v_0 并标以 s_0

・$U_0 \Leftarrow \{v_0\}$（U_i 是当前同步位置 i 上待处理状态结点的集合）

从 $i=0$ 到 n，执行词分析程序 PW（i）（i 是同步位置）

返回共享森林根 r。

词分析程序 PW（i）：

・$j \Leftarrow 0$

・$A \Leftarrow U_i$（A 是存储当前待处理状态结点的集合，或称为活态结点集）

・$R \Leftarrow \{\}$（R 是图栈 Γ 中将被归约的一些结点三元组）

・$Q \Leftarrow \{\}$（Q 是图栈 Γ 中将被移进的一些结点两元组）

・重复以下各步，直到 A 和 R 为空：

—如果 $A \neq \{\}$，则执行动作预处理程序 ACTOR

—如果 $R \neq \{\}$，则执行归约程序

・执行移进程序。

动作预处理程序 ACTOR：

・从 A 中取出一个状态结点 v，设 v 的状态号为 q

对所有的 $\alpha \in ACTION$（q，a_{i+1}）做以下各步：

—如果 α 是"接受"，则 $r \Leftarrow v$，并且返回共享森林 T。

—如果 α 是"移进 s"，则将（v，s）放至移进集 Q 中

—如果 α 是"归约 p"，则

对于所有 x，$x \in PRE$（v）（即，x 是在图栈 Γ 中 v 的先接方结点），将 $<v$，x，$p>$ 加入归约集 R 中

归约程序：

· 从 R 中取出一元组 $<v, x, p>$

· $N \Leftarrow$ 规则 p 的左端符。（例如，对规则 $S \to Np\ Vp$，S 即是此规则的左端符）

· 置新结点标志 $J \Leftarrow nil$。

· 在图栈中，找出所有以 x 为栈顶，内含 $|p|$（$=k$）个方结点的栈道序列 $(z_{i1}, z_{i2}, \cdots z_{ik})$，并放在集合 Z 中。（注意，因为方结点与圆结点在图栈中交替出现，栈道的长度是 $2 * |p| - 2$，而 $z_{i1} = x$）

· 对于每个 Z 中的栈道序列 $(z_{i1}, z_{i2}, \cdots z_{ik})$，$z_{i1} = x$，$z_{ik} = y$，它对应的结点符号串为 $L = (f_{i1}, f_{i2}, \cdots f_{ik})$，做以下各步：

· 设 w 是 y 在栈中的先接结点，它对应的状态号是 s'，s 是状态转移表中 (s', N) 的值。将 w 加入集合 $W(s)$ 中，并记所有这些状态 s 组成的集合为 S。

· 对所有 $s \in S$

—如果存在状态结点 u，$u \in U_i$，且 u 的状态号是 s，则：* 如果在图栈中，u 是某方结点 z 的先接结点，z 的先接结点在 $W(s)$ 中，且 z 的成分名是 N，则将 L 放到共享森林中 z 结点的子结点包内。

* 否则：

· 如果新结点标志 J 是 nil，则在共享森林 T 中产生一个结点 n 标为 N，且 $J \Leftarrow n$；否则 $n \Leftarrow J$。

· 将 L 放到 n 的子结点包内。

· 在图栈中产生一个结点 z，标为 n，并用边从 u 连至 z。

· 对 $W(s)$ 中的所有状态结点 w，在图栈中用把 z 连至 w。

· 如果 $u \notin A$（状态结点集合），而 u 的状态号是 $s(u)$，则把动作表中条目 $(s(u), a_{i+1})$ 内所有的归约动作"归约 q"放到 R 中。

—如果 U 中没有状态号为 s 的结点（说明 u 还没被处理过），则

* 如果新结点标志 J 是 nil，则在共享森林 T 中产生一个结点 n 标为 N 并且 $J \Leftarrow n$；否则 $n \Leftarrow J$。

* 把 L 加入 n 的子结点集合。

* 在图栈 Γ 中，产生分别标为 s 和 n 的两结点 u 和 z，并把 u 连至 z。

* 对 $W(s)$ 中所有 w，在图栈 Γ 中，把 z 连至 w。

＊ 把 u 加入 A 及 U_i 中。

移进程序

· $U_{i+1} \Leftarrow \{\}$（把 U_{i+1} 置空）

· 在共享森林 T 中产生一个结点 n 标为 a_{i+1}

· 对所有状态 s，存在 v 使得 $<v, s> \in Q$，做以下各步：（注意，V 是位于图栈顶上的状态结点）

—在图栈 Γ 中产生结点 x，w，分别标以 n 和 s。

—在图栈 Γ 中，把 w 连至 x。

—并把 w 加入 U_{i+1} 中。

—对所有使得 $<v, s> \in Q$ 的结点 v，在图栈 Γ 中把 x 连至 v。

值得注意的是，上述算法对某些特殊 CFG 语法不能正确处理。奴邹胡—范希（Nozohoor-Farshi, 1989〔78〕）给出了正确处理这些特殊 CFG 的算法。读者可以参考。GLR 算法另外的一个问题是对于某些 CFG 语法动作表会变得很大，且共享森林也会遇到类似的体积问题。文〔9〕中提出用下推自动机的方法来避免这类情况。而〔109〕则提出用分割语法的方法来缩小动作表的体积，并且建议对不同子语法利用适合它们特性的不同类型的分析器来进行分析。其中，在一般情况下，如何协调不同类型的分析器是一个有趣的课题，但没有得到完全的解决。

在上面的算法中，我们没有谈论怎么样来产生动作表和状态转移表。为了避免一次引入很多概念，我们先从直观意义上来看一下。

回顾欧雷中用到的点规则。例如在 $E(i, j)$ 中的点规则 $A \rightarrow X \cdot Y Z$ 意味着以 A 为非终结符的成分，它的 X 部分已与从 i 到 j 的输入部分相匹配。若 Y 为非终结符，则引入以 Y 为左端符的点规则 $Y \rightarrow \cdot u$。如果 Y 是终结符，则 Y 要与 Y 输入中的 a_{j+1} 相同（即进行移进操作后）才能使得 $A \rightarrow X Y \cdot Z$ 成为 $E(i, j+1)$ 中的一元。如果 $A \rightarrow X Y Z \cdot$，则要进行归约，把已找到成分 A 的消息传到当初引入 $A \rightarrow \cdot X Y Z$ 的那个点规则。假定那个点规则是 $B \rightarrow \alpha \cdot A \beta$，属于 $E(k, i)$。归约操作就把 $B \rightarrow \alpha A \cdot \beta$ 放至 $E(k, j)$，说明该点规则所对应的成分 B 中部分已与输入字符串中 k 至 j 段相同。

值得注意的是，扩展这个操作可以预先进行，而不用等到需要的时候再来计算。而且，常常一个规则会在多个地方被用到。预先进行扩展计算也可避免重复。

由于在 CFG 规则中，可能出现 $A \rightarrow B\,C$，$B \rightarrow D\,E$，…，这类情况。扩展操作就要递归进行，一直到无法产生新的点规则为止。这就引入了扩展操作计算中所见的"闭包"这个概念 $CLOSURE$（I），I 是点规则集合。换言之，闭包就是点规则集合，它对于扩展操作是封闭的。因此闭包相对于给定语法是稳定的，我们就可以把它定义为状态。这样，我们对点规则进行各种操作时就不必将闭包中的每个点规则分别处理，而只要进行一次性处理就够了。实际上，把闭包定义为状态不一定是最佳。或者说，点规则也可以有其他组合的方式。特别是，当算法中所使用的操作不只是这里所介绍，怎么样把点规则合理地组合便是一个重要的研究课题。文（Schabes, 1991〔86〕）给出了其他闭包的一种定义。

闭包的严格定义可以用如下算法来得到〔2，3〕：

给定一个点规则集合 I，它的闭合 $CLOSURE$（I）是由下面返回。

· $CLOSURE$（I）$\Leftarrow I$

· 重复以下步骤，直到 $CLOSURE$（I）不再增加：

如果 $A \rightarrow \alpha \cdot X\beta \in CLOSURE$（$I$），$X \rightarrow \gamma \in P$，$CLOSURE$（$I$）$\Leftarrow CLO\text{-}SURE$（$I$）$\cup \{X \rightarrow \cdot \gamma\}$

有了状态这个概念以后，让我们来定义状态转移函数：

GO（I，X）$= CLOSURE$（J），

其中，I，J 分别为状态，$J = \{A \rightarrow \alpha X \cdot \beta \mid A \rightarrow \alpha \cdot X\beta \in I$；$X \in N \cup \{A\}\}$。这样，当 X 是终结符时，状态转移就对应于移位；而当 X 是非终结符时，状态转移就对应于归约。

所有合理的状态所成的集合可以用下面的算法来得到：

给定语法 $G = $（$N$，$V$，$S$，$P$），$G'$ 是在 G 的规则集 P 中增加 $S' \rightarrow S$ 而得。

状态集合构造算法：

· $C \Leftarrow \{CLOSURE$（$\{S' \rightarrow \cdot S\}$）$\}$

· 重复以下各步，直到 C 不再增加：

—对 C 中的每个元素 I，$X \in N \cup V \cup \{S'\}$：

—如果 $J = GO$（I，X）不为空，则把 J 加入 C 中。

设 $C = \{I_1, \cdots, I_n\}$。动作表和状态转移表构造算法如下：

· 如果 $A \to \alpha \cdot a\beta \in I_k$，$GO$ (I_k, a) $= I_j$，I_k，$I_j \in C$，$a \in V$，则把"移进"放入动作表 $ACTION$ (k, a) 中。

· 如果 $A \to \alpha \cdot A\beta \in I_k$，$GO$ (I_k, A) $= I_j$，I_k，$I_j \in C$，$A \in V$，则把"j"放入状态转移表 $GOTO$ (k, A) 中。

· 如果 $A \to \alpha \cdot \in I_k$，$A \to \alpha$ 是 G' 的第 g 条规则，对于任何 $a \in V$，把"归约 g"放入动作表 $ACTION$ (k, a) 中。

· 如果 $S' \to S \cdot \in I_k$，把"接受"放入 $ACTION$ $(k, \#)$ 中。

在这里，读者可以很明显地看到 2) 3) 两步对应于归约操作：

假定 $X \to \gamma \cdot A\beta$ 属于状态 i，$A \to . \alpha$ 也就属于状态 i；如果遇到 $A \to \alpha \cdot$ 属于状态 k，我们只利用 $A \to a$ 在图栈中来找状态 i，然后，根据 GO (I_i, A) $= I_j$ 就知道 $X \to \gamma A \cdot \beta$ 属于状态 j。接下来，分析器只要分析 $X \to \gamma A \cdot \beta$ 中的 β 部分就可以了。

五 链语法的识别算法

回顾前面介绍的链语法。它强调的是中心词之间的直接联系，并通过链匹配的方式把各词连接起来形成链系统。我们也谈到选言肢的概念。那么，已知辞典，对给定词串，我们怎么样来找出它的所有合法链系统呢？这就是这一节要讨论的内容。

让我们先来直观地看一下链识别算法的工作情况。假定存在一条链把词 L 上的链头 l' 和词 R 上的链座 r' 相接。我们把输入字符串中 L 到 R 部分标为 0 至 N-1，并记为 (L, …, R)。假定 d 是某词 W 的一个选言肢，p 是其中一链，为方便起见，我们作如下规定：left [d] 和 right [d] 分别是 d 中位于左右两边的第一链（头或座）；next [p] 是链 p 的下一链，即，距离词 W 更远的一个链。记，l = next [l']，r = next [r']；而，NIL 表示空表 ( )。见图 5.10。

如果对 (L, …, R) 存在一个链系统，不失一般性，我们可假定 l ≠ NIL。这时，必能找到字符串 (L, …, R) 中的一词 W，d 是 W 的一个选言肢，使得 l 和 left [d] 相匹配成链。见图 5.11。

这样，寻找 (L, …, W) 内的子链系统这个问题和寻找 (L, …, R) 内的链系统它们的方法就完全一样。而寻找 (W, …, R) 内的子链系统和寻找 (L, …, R) 内的链系统本质上也是一样：因为 L 与 W 已经存在相连的链，寻找（W，…，R）内的子链系统已无假定 W 和 R 存在一条相连之链的必要。

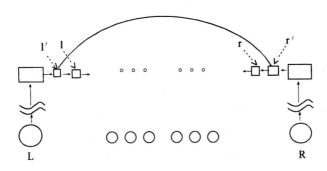

图 5.10 链语法分析算法示意图 1

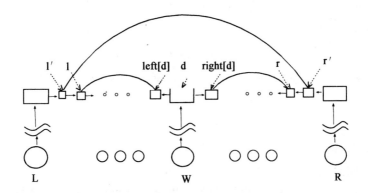

图 5.11 链语法分析算法示意图 2

从而，一个大问题就化为两个解法相同的子问题——在这里，我们又见到动态规划方法的一个例子。

更细致地讲，在下面的算法中，我们可以见到四种情况，即下面步骤中 1）、2）、4）和 5）。程序的输入是一部词典和（词串）字符串。输出是对输入字符串有多少个合法链系统。

分析

·t←0

·对词 0 的每个选言肢 d 做：

—如果 left〔d〕= NIL 则 t←t + COUNT（0，N，right〔d〕，NIL）。

·返回 t。

COUNT（L，R，l，r）

·如果 L = R + 1 则：

—如果 l = NIL 且 r = NIL 则返回 1；否则返回 0。

·如果 L ≠ R + 1 则：

—链系统总数 total←0

—对从 L + 1 到 R - 1 的每个 W，做：

＊对词 W 的每个选言肢 d 做如下诸步骤：

1. 如果 l ≠ NIL 且 left〔d〕≠ NIL 且匹配（l，left〔d〕），则左半区总数 leftcount←COUNT（L，W，next〔l〕，next〔left〔d〕〕）；否则 leftcount←0。

2. 如果 right〔d〕≠ NIL 且 r ≠ NIL 且匹配（right〔d〕，r），则右半区总数 rightcount←COUNT（W，R，next〔right〔d〕〕，next〔r〕）；否则 rightcount←0。

3. 链系统总数 total←total + leftcount ＊ rightcount。

4. 如果 leftcount > 0 则 total←total + leftcount ＊ COUNT（W，R，right〔d〕，r）。

5. 如果 rightcount > 0 且 l = NIL 则 total←total + rightcount ＊ COUNT（L，W，l，left〔d〕）。

—返回总数 total。

算法中"匹配（l，m）"返回真值如果 l 和 m 相匹配，否则返回失败。

要把这个识别算法改成分析算法并不很难。只要增加链系统记录部分就可。但是，其中必须避免把不完整的链系统也包括在内的可能。上述算法很直观，但是速度不快。文（Sleator and Temperley，1993〔98〕）中谈及一些提高速度的方法，我们这里就不详谈。

上面我们谈了诸分析器的输入是字符串，然而对于输入是更一般的半序形式，我们只要将字符半序形式进行全序化但是保留原词间的半序关系。当算法中寻找（移进）下一个词时，根据半序关系进行（带跳越性的扫描输入）。而在其他部分则根据全序化后的序号来标志各词，便可得到能接受半序形式的欧雷算法，GLR 算法，等等。读者可以把这个问题作为练习。

第三节 其他类型的分析器

在这一节，我们将介绍一下基于原则的分析方法和基于归一的分析方法。增强型转移网络分析器（Augmented Transition Networks）过去曾流行一时，但是现在已经很少有人再用这种方法，我们在这里不作介绍，作为历史知识，读者可以参阅〔114，116〕。确定子句语法（Definite Clause Grammars）利用 PROLOG 程序语言作描写语言的工具，但它的核心是基于归一的算法，因篇幅限制我们也不作介绍，读者可以参阅〔80〕。树连接语法仍然是计算语言学研究的热点之一，但是它的分析算法主要基于上面介绍过的欧雷型算法或 GLR 型算法，因此，我们也予以省略，读者可以参阅〔87〕。

一 基于原则的分析方法

基于原则的语言分析是以 GB 理论为基础的一套分析方法。回顾前面所说，GB 理论有一原则系统，这系统中各原则相互补充来解释许多语言现象。这与其他直接从规则出发来描述语言是不一样的。基于原则的方法一个优点是表示的经济性。类同的规则无须一一列出。原则的维护就容易。它的另一个优点是不同语言之间的差异更可以通过对原则中的一些参数设置而实现，无须重新提出一套规则。这样，分析算法也无须改变。虽然，GB 理论还没成熟到可以解释任何语言，甚至英语中的一些问题也有待解决，但从观察人学习语言的过程，有证据显示这条思路并非奇谈。

对于基于原则的分析方法来说，它的最主要问题是 GB 理论现有原则生成能力太强，即原则的组合生成许多不合语法的句子（或称为余生成问题）。余生成的另外一个结果是分析速度缓慢，因为在其分析过程中，许多时间是用来生成一些不合语法的结构。

解决这个孪生问题的一个主要方法是在生成阶段的初期，将一些不合语法的结构及早剪除，这也是人工智能领域有关搜索的常见的方法。假如按照对应于 GB 理论最直接的方法，从 D-结构出发，一步一步地应用 X-理论 α-移位，会生成许多结构，那时再用 θ-理论和鉴别式来过滤，剪除可能结构中不合语法的候选的话，非常花费时间。但，如果将 X-理论、α-移位和 θ-理论中的一些原则先加以编译，形成与 GPSG 类似的规则形式（即 CFG 附加一些特征）。那么，许多非法结构就可以避免生成。这种方法自然会使人问起，基于原则的分析方法与其他 CFG 方法有什么不同。它的答案是尽管 X-理论、α-移位和 θ-理论合而为一，但格鉴别和约束等其他原则仍然以其特有的方式被应用。加上，到底哪些原则合在一起可以产生快速分析算法，仍然是个研究课题。另一方面原则的重组可以导致不同类型的分析器。这显示了它的很大灵活性，也是与传统 CFG 方法不一样的地方。

　　另一种提高速度的方法是由底向上组块。一旦某个词组形成，随即用各种原则去过滤，而不是等到全句形成后再进行分析。从搜索的抽象角度来看，这种做法相当于将一部分搜索对象暂时冻结，先去完成其他容易的对象，待有了结果后，再回到这些被冻结的对象。那时许多被冻结的对象早已被剪除。这样就可以提高速度。

　　举个简单的日常生活中的例子来说明一下。有人要找小王的叔叔。如果他先去找所有的有哥哥的男子，再来看那人是否是小王的父亲，则世上有哥哥的男子何其多，找起来也得花费大量的时间。可是如果他先去找小王的父亲，找到大王后再去看他的兄弟。那样的话，无须多少时间，小王的叔叔就可找到。

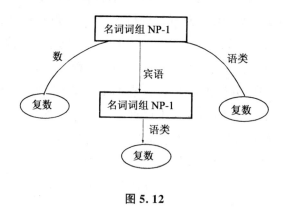

图 5. 12

　　研究基于原则的分析方法的人员主要集中在 MIT，以波维克（Berwick）和他的学生为主。这类方法以理性主义为主导，在当今经验主义流行的情况下，独树一帜。各算法的详细讨论请参阅（Berwick et al,

1991〔8〕；Gibson，1989〔39〕）。

二 基于归一的分析方法

我们在前面的章节中已提及特征，特征结构以及如何用来表示语法。在基于归一的分析方法中，特征结构是以有向无回图形式出现：当图中结点有出边时，对应于一个特征结构；当结点没有出边时，对应于一个特征值；而边对应于特征名（见图 5.12 中的例子）。一个特征结构对应的有向无回图具有唯一的根。从而两特征结构的归一对应于两个有向无回图的归一，因此可以用图匹配的算法来定义。它的输入为两个带根有向无回图，输出是一个新有向无回图。

根为 N_i 与根为 N_j 的有向无回图的归一算法：

1. 如果 N_i 与 N_j 相同，则归一成功。复制与 N_i 相同的一个新结点 N，返回 N。

2. 如果 N_i 与 N_j 均无出边，则：如果 N_i 与 N_j 的交集 J 非空，则返回一新结点 N，以 J 为值。

3. 如果 N_i 与 N_j 中，一个有出边，另一个无出边，则 N_i 与 N_j 的归一失败。

4. 如果 N_i 与 N_j 均有出边，则产生一个新结点 N。对于 N_i 的每一出边 F，F 的另一端为 $N_i{}'$：

· 如果 N_j 也有一条标以 F 的出边，这出边的另一端为 $N_j{}'$，则递归地将归一算法用于 $N_i{}'$ 和 $N_j{}'$，并返回其值。若归一成功，则将标以 F 的边从 N 连至归一所得的结点；否则，归一失败。

· 如果 N_j 没有一条标以 F 的出边，复制 $N_i{}'$ 得结点 N_i^F，将一边从 N 连至 N_i^F，并标以 F，返回 N。

5. 对每条从 N_j 至 $N_j{}'$ 标以 $F_J{}'$ 的边，N_i 的出边中没有标以 F' 的边，则在 N 中，复制 $N_j{}'$ 得边 N_j^F，将 N 连至 N_j^F，并连边为 $F_J{}'$，返回 N。

基于归一的分析方法通常是对附加在 CFG 上特征结构进行的。在介绍 LFG 时，我们也略谈了一些。一般来说，基于归一的分析方法有两个常见的用途：检验两个成分的特征结构之间的一致性，以及将各子成分的信息传递到上一层的成分中去。这里我们再举例说明一下。

例 5.3 检验主语和谓语成分之间的一致性

$$S \longrightarrow \quad NP \qquad\qquad VP$$
$$< x_0 \text{ 主语} > = x_1 \qquad x_0 = x_2$$

这里等号相当于归一，换一种表示就是

（归一 x_0 x_2）

（归一 $< x_0$ 主语$> x_1$）

x_0，x_1 和 x_2 分别指为 S，NP 和 VP 相对应的特征结构。$x_0 = x_2$ 是把 VP 的特征结构传递给 S。而对 S 的主语部分，它的特征结构必须和 NP 的特征结构 x_1 归一。值得注意的是，VP 本身可以包含对主语的限制。如，$x_2 = < < $主语$\langle$ 数复数 $>\cdots> <$ 宾语$\cdots> \cdots >$ 通过上述两个归一运算，就实现主语和谓语数的一致，即均为复数。

归一算法是基于特征和特征结构的。它本身没有对特征之间的联系作任何规定。不少研究人员试图引入特征类型及蕴含等概念。这类似于面向目标的程序语言中有关的类和继承概念。例如，我们可以定义动物层次。动物居于最高层，它下面有哺乳动物和非哺乳动物；哺乳动物下面可以有食肉类动物和食草类动物；食肉类动物有老虎、狮子、熊，等等。当我们给予动物可以行走这个特征之后，无论食肉类动物还是食草类动物都具有这个特征；当我们给予食肉类动物常常吃肉这个特征之后，老虎、狮子、熊都自然地继承这个吃肉特征。我们无须对每种食肉类动物一一再赋予这个特征。这样，通过引入类型层次我们就可以很经济又系统地表示各种特征。比较严格地说，在规定类型层次之后，类型和特征之间必须具有如下特点：

1. 对一个类型的限制（如要求它具有特定的值），同样也是对它的子类型的限制。

2. 每个类型必须说明它可取的特征以及特征所取的哪些类值，它包括两个方面：

（a）如果一个特征属于某个类型，它一定属于该类型的所有子类型；

（b）如果一个特征可取某个类型为其值，则它也可取该类型的子类型为值。

这方面详细的讨论可以参阅计算语言学杂志 1992 年所出的两本专集〔26〕。而〔82〕是一本很好的入门书籍。

第六章　计算语义方面的一些工作

　　如果说句法分析是试图找出句子各个部分以及各部分之间的结构关系的话，语义分析则是试图解释各部分（词，词组及句子）的意义。这里所提的意义常常与歧义，同义，指代，量词的辖域，隐涵等等相关。而且，不同的学派理论对于语义有不同的定义。因为语义这个概念涉及甚广，我们常常会看到这样的一种情况，一些学派先对它的一个方面进行研究得到比较清楚的解释后，再把所用的观点，方法推广到其他方面。在语义的研究中，有两个中心问题，一个是哪些现象是语义现象以及如何来合理地表示它们；另一个问题是如何从句子中正确地提取这些语义。正确地界定语义现象以及合理地表达它们对于更高层次处理，如推理，翻译，等等，有着重要影响。

　　下面，我们来介绍一些比较常见的理论。

第一节　语义理论简介

一　词的指称作为意义

　　这个理论认为词或词组的意义就是它们在现实世界上所指的事物。计算语义学的任务是将词或词组与世界模型中的物体对应起来。经常用到的现实世界模型常常会假定世界上所存在的各种物体包括人。这种定义很明确，对于不太复杂的实际问题也很有用。比如，有人想要建立一个仓库物资管理询问系统。现实世界模型就是仓库中可能存放的物资以及存放位置等相应属性。询问系统只要能找出问句中词所对应的物资，或对应的属性便可。但是对于复杂的问题，这种定义不是完美无缺的。比如，两个词可以有不同的意义，但是它们所指却可以相同。一个常见的例子是启明星与暮星同指金星，但它们的意义是不一样的。还有，我们常常谈论一些现实世界上不存在的虚构之物。它们的指称便有问题。

把词的指称作为意义这个理论在这些情况下就无法给出合理的解释。

二 心理图像，大脑图像或思想作为意义

这个理论认为词或词组的意义就是词或词组在人心理上或大脑中所产生的图像。这种看法至今对计算语义学影响不大。一方面，在计算机中把心理图像有效地表示出来并不是一件容易的事。另一方面，这个理论本身有相当的缺陷：词意固然属于人的心理或精神方面，但也是与自然界紧密相连并用于和他人沟通交流。有些词意具有清晰的心理图像，而也有些词意则缺乏这种效应。更何况，思想本身如果与自然界没有直接联系的话，我们就无法解释这些思想是从何而来。

三 说话者的意图作为意义

这个理论〔92〕试图解释语言中一种称为言语行为（Speech Acts）的现象。言语行为是说话者把自己的话语当作行为希望听者作出相应的反应。这种意义被认为是独立于逻辑意义之外的。言语行为主要存在于对话中，反映了语言在人与人交流这一方面的功能。例如，两人在餐桌上吃饭，甲对乙说，"你能传一张餐巾纸吗？"这时，甲并不是问乙有没有传一张餐巾纸的能力，而是一种向乙请求帮助的行为。言语行为根据分类的粗细，可以有多种。如忠告、恳求、哀求、乞求、请求、力劝、要求、命令，等等。除了语调外，言语行为常常通过明确的词汇标志来表现。

正确分析言语行为在具体应用中是很重要的。如果一个计算机对话系统配上解析言语行为的子系统，就可以探测到用户在使用此系统时的各种情绪变化，制定出相应的因变回答，从而使得用户能够愉快地接受这种系统。

四 过程语义

句子的语义定义为接受该句后所执行的程序或者所采取的某种动作。对于很多智能应用来说，这种用动作来定义句子语义的方法是有效的。如用以控制机器人行为，与计算机下棋，等等。从计算语义学的角度来看，也是简单而又明了：只要在分析句子之后，把所得词汇结构和

一定的程序相对应。

然而，这个定义对于语言本身却解释贫乏，且句子的语义常常和应用连接太紧，缺乏独立性。

五 词汇分解学派

这个学派把句子的意义基于它所含有的词和词组的意义之上。而词的意义则基于一组有限特征。这组特征通常称为语义基元。这种方法假定，只要给出一组语义基元和一些组合操作就可以把句子的语义描写出来。这种假设类似于化学中的元素学说：世上各物千变万化，但都是由一百多个元素通过化学物理反应组合转化而成。但是，在语义研究中基元和组合操作选择的合理性会在很大程度上影响语义描写的准确性。另外，语义基元本身是否再可分解，分解的标准是什么，也是很难确定。特别是，在不同场合，对语义表示深浅常有不同的要求。这对词汇分解学派都是不容易解答的。

在下一节，我们会对在这类中有代表性的几个计算方法作详细介绍。

六 条件真理模型

条件真理模型是以谓词逻辑为基础。而句子的语义则定义为它所对应的命题或谓词在全体模型（或世界）中的真伪。一个经常引用的例子是：

句子"雪是白的"为真当且仅当在这个世界上，雪是白的。

直观地说，模型是一组物体以及它们的性质和关系，加上所研究的语言和这些物体，关系之间的对应。

条件真理模型是研究上下文无关这部分语义的很好工具。因为在这个理论中，一个句子的真伪不只依赖某个特定模型，而是对于所有可能模型而言。但是，也正是由于此，条件真理模型对时间、场景有关的现象不能很好的描述。

七 情景语义学

在条件真理模型中句子语义和所在的特定模型（世界）相独立，从而不能适当地解释语义中一句多义的问题。场景语义学认为句子的语义不仅和逻辑意义有关，而且和句子被用的场景有关。为了弥补语义和场景脱离的缺陷，非常自然地，这个学派在逻辑语义表达式中引入一些与场景相关的变量，如事件变量、时间变量，等等，并对这些变量加以限制。限制的方法是用逻辑"与"算子∧把句子语义的逻辑式和对事件的限制相连接。再来看一下句子"雪是白的"在场景语义学中的表示：

是白的（雪，e）∧等同（e，地球世界）

这里，"是白的"是谓词；"是白的（雪，·）"是"雪是白的"的前缀表示（即把谓词放在前边），e是场景变量。同样地，"等同"也是谓词，它说明e就是"地球世界"。

利用类似的方法，很多以前需要高阶谓词逻辑才能表示的句子现在用一阶谓词的方法就妥善地解决了。

八　语义网络

我们在前面介绍归一算法时，谈到类型层次。这种层次可以用一种称之为语义网络的特殊的有向图来表示。图的结点表示概念，图的边表示概念之间的关系。图的边有两种：一种边称为"是一种"，它说明它所连接的结点 A 到 B 具有关系"A 是 B 的一种特例"；另外一种边称为"是部分"，它说明它所连接的结点 A 到 B 具有关系"A 是 B 的一部分"。"是一种"这类边具有特征继承的属性。而"是部分"这类边则说明了部分与全体之间的关系。因此，在语义网络中，概念"老虎"和概念"食肉类动物"是用"是一种"的边相连。"桌子"和"桌子脚"是用'是部分'的边相连。采用了语义网络来表示词义所表示的概念之后，从句子中进行一些推理就变得容易，推理速度也得到了提高。心理学也有证据表明，人的记忆系统可能采用某种语义网络〔83，99〕。

对词义，我们常常可以把它分为内涵和外延。内涵是词本身的意义，是对词代表的概念描述。外延是词所指代的物体。在上面我们所举的例子中，涉及的都是内涵。怎样在语义网络中合适地表示和区别词义的这两方面曾经是很热门的课题。读者可参阅〔65，115〕。

九　模态逻辑

除了以上各种语义理论之外，80 年代初在人工智能领域中发展起来的一些模态逻辑也受到不少注意，如缺省逻辑、时态逻辑、真值维护系统，等等。这类逻辑试图用一套公理系统来刻画现实世界和自然语言中常见的一些现象。这类现象从本质上说就是一般性和特殊性的矛盾。比如说，一般来说，鸟会飞，但是，企鹅也是鸟却不会飞。从这些知识的学习过程来看，起见通过一些鸟会飞的实例，得出结论鸟会飞，并由此推测所有的鸟会飞。然后再发现企鹅是鸟却不会飞。也就是说，以前认为是正确的知识会在以后的学习过程中受到一些特例的否定。对于人工智能这个研究人类智能的学科来说，如何保持逻辑系统的一致性而不受到知识更新的影响，便成为一个重要的研究课题。因为这类现象常常在自然语言的语义中体现出来，使用这些模态逻辑方法来表示和处理语义就非常自然。

持续十年的 CYC 项目的目标是建立大型的知识库以及自然语言学习界面，模态逻辑在这个项目中被广为运用（Lenat and Guha, 1990〔62〕）。

第二节　计算语义学的一些代表工作

上面我们对一些语义学理论作了一些简单的介绍。在这一节中，我们对一些比较有影响的工作，再略加详谈。

一　概念依赖理论

香克（Schank, 1975〔88〕；Schank and Abelson, 1977〔89〕）和他的同事在 70 年代提出概念依赖理论（简称为 CD 理论）。虽然二十多年过去了，这个理论的不少部分不断地被重新包装提出并被应用到一些领域中。它和词汇分解学派关系紧密。

概念依赖理论有三个层次。第一个层次是概念依赖层次，它规定了一组动作基元。而其他动作则是由这些动作基元组合而成。这组基元分成三小组。一组是有关物理世界的基本动作，包括抓（GRASP），移动（MOVE），传送（TRANS），去（GO），推（PROPEL），吸收（IN-GEST），撞击（HIT）等。第二组是有关精神世界的概念，包括心传（MTRANS），概念化（CONCEPTUALIZE），心建（MBUILD）。第三组是有关手段或工具方面的，包括闻（SMELL），看（LOOK-AT），听（LISTEN-TO）和说（SPEAK）。值得注意的是"触"已在物理世界部分有更细致的分类。这三组动作基元显然是企图刻画物理，精神世界和两者的交流。

举例来说，句子"王小二开车去南京"可以表示为概念依赖图 6.1：

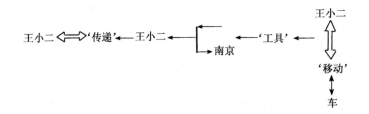

图 6.1　概念依赖表示图

这个概念依赖图的解释是，"王小二"把"王小二"从某地"传送"到"南京"，"传送"时借用的"工具"或方式是"王小二"通过"移动""车"。

第二层是剧本。它主要用来描写平时在遇到一些常见场景或场合时所采取的一些基本固定的成套动作。所谓剧本是指相对某个场景所作的一套动作。例如，上超市买东西常常可以有以下几个步骤：

1.（A）推购物车或拿购物篮

2.（A）根据购物单或随意选购一些物品（B）

3.（A）把选购好的物品（B）给收账员算账，付款

在很多场合中，我们都会作这种类似的套路动作。如，坐飞机、火车、去餐馆吃饭，等等。

当剧本中每个动作都用基本动作来组合时，我们就可以在相应场合中用基本动作来刻画各种套路行为。

CD 理论的最高层是计划。为完成某项任务或达到某个目的，往往需要有个计划。先进行适当安排，再作有关事宜。比如，某夫妇想外出旅游。大致会有如下安排：

1. 出门前准备（如费用落实、地点、交通以及住宿选择，等等）

2. 搭乘交通工具到目的地

3. 找住宿安顿下来

4. 在旅游地游玩

5. 倘若还未尽兴，转 2），否则转 6）

6. 搭乘交通工具回家

我们注意到，计划中的每一步都是一个剧本。这样，从小到大，我们可以用最简单的一组动作来表示很复杂的行为。

有了 CD，剧本和计划，它们又是怎么样和语言处理相关联的呢？在文章中，人们往往不会把他们所作的每一步毫无遗漏地陈述下来。常常地，一些众所周知的细节会被省略，从而达到文章或对话的简明。对于计算机来说，它们并没有那些常识。因此，它也就经常不能正确地解读文章中句子的意义，不能恰当地把句子间各人物，地点等各种指代，联系正确地找出来，从而也就不能进行正确的推理。CD 这套理论，正是希望对常识进行系统而又具体地描写，并利用那些基本动作来便利推理，从而达到对语言的自动理解。

从另一方面看，CD 对常识描写是相当刻板和定式。香克和他的同事在以后的工作中对此作了很多改进，包括对剧本等引入各种组织和记忆方式，学习机制等。总的来说，这套理论对范围有限的应用领域是非常有用的。

与其相类似，语言学家菲尔莫（Fillmore，1968，1977〔32，33〕），格儒伯（Grube，1965）独立提出的格概念是把参与动作的各个体分成类，称之为语义格。如施事格、受事格、主题、处所、来源、目标，等。施事是指动作的主体，受事是指动作的对象，主题是动作承受者，而处所、来源、目标分别是相对动作而言。在相应格位置上的词组称之为格位语。

格概念是属于语义范围，它和主语，谓语等语法关系是不同的。施事不总是主语。如句子，"项羽被刘邦大败"中，项羽是句子的主语，但却是及物动词"大败"的受事。刘邦是介词"被"的宾语。句子"项羽大败"，项羽是句子的主语，也是句子的主题。

格概念提供了一种对动作参与者的分类。在语言理解中，它可以简化常识描写，便于进行推理。

二　选择限制学说

如果说香克的理论侧重于动作行为的分类，那么卡兹（Katz）的选择限制学说则讨论词与词连用时的相互限制。比如，"吃"所跟的宾语通常来说应具有"可吃"特征，而它的主语则必须具有"动物性"特征。在机器词汇中，动词，形容词带有这种选择限制，名词则带有各种特征。如，"狗"有"动物性"特征"骨头"除了有"硬"这个特征外，还有"可吃"特征，"啃"对主语的限制是"动物性"特征，对宾语的限制是"可吃"。这样，"狗啃骨头"就满足语义限制。"啃"如果以"人"为主语的话，还有一个解释就是"干难活"。显然，选择限制学的一个应用是选择正确的语义，即歧义化解。在暂且不考虑上下文的情况下，利用这些区别性特征，当遇见"狗啃骨头"时，机器就可以为"啃"选择"吃"的意思。而遇见"王小二愿啃硬骨头"，机器就可以把"啃"理解为"愿干难活"。

在日常生活中，我们也遇到句子，如"这辆车真是在喝汽油"。当然，我们不能在机器词汇中把"可喝"特征也给予"汽油"，因为这样的话，我们总可以找到例子使得任何名词具有任意的特征。这也就是选择限制学的不足之处。

有鉴于这个不足，维尔克氏（Wilks, 1973, 1975〔113, 114〕）提出了优选语义学。它的核心是放松词与词之间的语义限制，视这些限制为上优选，同时也允许有其他选择。动词可以根据其主，宾位置上词的语义特征，赋予不同的数值。比如，对动词"吃"，当宾语位置上的词具有"食物"特征时，组成的词组可得 +9，说明动词"吃"和它在宾语位置上的名词语义相合；当动词的语义取向和名词的语义特征相距愈远，获得的数值也就愈低。除了动词和名词之间外，形容词和名词之间，介词和名词之间都可赋予这种优选数值。简单句中，句子的语义合理性是由各搭配词间优选数值之和来表明。复杂句的语义合理性是由各子句优选数值之和来表明。

对于计算语义学中一词多义和一句多解难题，优选语义学提供了一条有效的途径。例如，动词"跑"有如下两个词义：

跑：

1.（人，动物）快速行走（S，+动物，+9）（S，—动物，+2）

2.（车辆等）行驶（S，+车辆，+9）（S，—车辆，+2）

对词义1）（S，+动物，+9）指如果在主语位置上是动物性名词，则得+9；（S，—动物，+2）指如果在主语位置上是非动物性名词，则得+2；同样地，对词义2），我们有类似的解释。

当处理句子"小汽车跑得飞快"中，"跑"的主语位置是"小汽车"具有"+移动物体"和"—动物"特征。如果用"跑"的第一个词义，只能得+2。而如果用"跑"的第二个词义，就可以得+9。相比之下，"跑"的第二个词义更合适。当处理"土堆顶上的石头都跑落了"时，石头既非动物也非车辆。如果按照选择限制学，这个句子便不合语法。对于优选语义学，这个句子则是不合常用，是一种"拟人"修辞。

但是优选语义学本身并没有说明如何来获得各词之间的优选数值，它们的合理性以及随着上下文的变化这些数值应该如何改变。近年来，他的学生（Slator and Wilks, 1989〔97〕）直接从英语词典中提取这些数值，并为建立大型而又实用的分析系统提供词汇资源。另外一些研究人员开始用统计的方法来获取这类优选数值，并已经取得一些结果。

三　指代化解

许多语义学论及词和词组的指代问题。GB 学派试图用明确的结构形式来确定词和词组的所指，并给出了最为严格的一些描述。但是，这些语义学理论往往深度有余而广度不足，不能对自然语言中的许多现象作出准确的刻画。

由于指代涉及名、动、形容等各个词类，甚至句子篇章等等。各类情况有各自的特点。迄今为止，在计算语义学中，以处理名词指代为多。除了名词指代被研究得较多，比较容易处理这个原因之外，名词指代也是最为普遍的现象。

艾伦（james Allen, 1995〔5〕）曾提出用简单的史列表方法来解决一类名词指代问题。所谓史列表方法是把文中出现的名词根据相对于当前词的先后距离（历史）排成一列，并对此列中的各个名词标以相关属性。这样，在寻找当前词所指时，只要在史列表中按由近到远的顺序搜寻与其属性相匹配的第一个名词即可。

这个算法虽然有用，但是过于简单，不能解决下面例子（Carbonell and Brown，1988〔18〕）：

1. 约翰从桌子上拿起那个蛋糕，并把它吃了。

2. 约翰从桌子上拿起那个蛋糕，并把它洗了。

1）中，"蛋糕"和句中的"它"同指。而2）中，"蛋糕"却不可以和"它"同指，只能和"桌子"同指。但是，根据史列表，1）和2）的"它"都和"蛋糕"同指。

徐烈炯教授曾针对 GB 学派中关于指代分析过分依赖结构的论点提出不同的看法。他指出，指代不仅与结构有关更与词汇本身的词义紧密相连。（Xu，1986〔111〕）

卡布内尔和他的学生布朗（Carbonell and Brown，1988〔18〕）提出了利用多种知识来源，相互协调制约，一起来判定两个名词词组是否可以同指。这些知识来源包括：

1. 局部指代限制：一些指代词具有性，数，格等等局部特征，它们所指的候选对象也必须满足这些特征。如，王芳和李俊去了书店。他买了一本字典。"他"只能是"李俊"。

2. 格位语语义限制：对于在一定格位置上的指代词，它们所指的候选对象必须满足那格所规定的语义限制。如上面所给的"吃蛋糕"例子。

3. 前后条件限制：经过一定动作后，各种条件会起变化。这些变化了的条件可以对同指有限制。如，父亲给了儿子一个苹果，他只吃了半个。"他"只能是"儿子"，因为"苹果"给了他人后，"父亲"就不再拥有那个"苹果"了也就不可能"只吃了半个"。

4. 格位语不变优先：应该优先考虑和指代语具有相同格的候选对象。这是一种格位语并行形式。如，

a　王芳把一只苹果给了陈萍，李俊又给了她一只橘子。

b　王芳把一只苹果给了陈萍，她又给了李俊一只橘子。

显然，a）中，"她"指"陈萍"，b）中，"她"指"王芳"，因为格的一致性。

5. 语义对位优先：如果指代语所在的句子和它前面的句子描写同一

行为（称之为语义对位），则先考虑在那个句子中候选对象。例如，

　　a　王芳从学校乘车去了公园，陈萍也去了那里。

　　b　王芳从学校乘车去了公园，陈萍也离开了那里。

　　显然，a）中，"那里"指"公园"；b）中，"那里"指"学校"。

　　6. 并行结构优先：在并行结构或对比结构中，优先考虑和指代语具有相同结构位置的候选对象。例如，

　　a　那女孩不满组长把王芳和陈萍配对。上次，她把她和赵玲配了对。

　　b　那女孩不满组长把王芳和陈萍配对。上次，她把赵玲和她配了对。

　　a）中，第一个"她"指"组长"，第二个"她"指"王芳"；b）中，第一个"她"仍指"组长"，但是，第二个"她"指"陈萍"。

　　7. 结构（显式）主题优先：对于主题化句子结构，优先考虑在主题化部分的候选对象。例如，是王芳她要陈萍去上海。她为什么这样做呢？第二个句子中的"她"指"王芳"，因为，第一个句子中"王芳"被主题化（强调）。

　　8. 句间邻近优先：在选择指代候选对象时，先考虑离指代词近的句子中那些候选，再考虑远些句子中的那些候选，一直到满意为止。

　　在他们的算法中各种知识，决策的综合是通过两个过程：各种限制把各个所指候选对象进行过滤，各个优先对各个所指候选对象提出自己的偏爱。在第一步中，先用各种限制对各个所指候选对象进行筛选，把不满足任何一个限制的所指候选对象从候选表中除去。经过第一步的过滤之后，候选表中余下的候选由各个优先法则通过表决的形式决定哪个候选被最终选中。在表决的过程中，各个优先法则被赋予一定的权值。根据满足程度的不同（例如，词组相隔的远近，近者得高分，远者得低分），所指候选对象会从各个优先法则得到不同的值。得最高值者被选定为指代词所指。

四　计算语义学的一些其他方面

　　如何寻找句子主题（或中心）是计算语义学关心的另一个主要问题。同样一个句子，如果句子中心不同，可以得到不同的意义。例如，

句子"请你搬一下这张桌子"。如果，句子中心是"你"，它强调的是"你"而不是其他人。如果，句子中心是"这张桌子"，它强调的是"这张桌子"而不是其他桌子。句子中心的确定常常需要上下文或者语调的明示。在汉语中，也有用句式来限定句子中心。如，"连……都"形式。……通常是句子中心。句子"陈萍连这张桌子都搬，不动"中，受强调的是"这张桌子"。还有，"是……"形式。句子"是陈萍把这张桌子搬来的"中，受强调的是"陈萍"。

与句子主题密切相关的另一个概念是段落。谈到中心，一定会涉及范围。这范围如果是句子，则是语义学中的句子中心；如果是段落这就是段落中心。如何划分段落（或语段）是一个很困难的问题。直观地说，段落是指文中前后连贯，表现同一主题的一串句子。在对话型文章中，段落常常具有如下几个性质〔5〕。

1. 时间、地点保持一致；
2. 参与对话人物相对固定；
3. 背景假设不变，如，段落中语态不变，或虚拟态，或一般态；
4. 指代的寻找常常可用简单的史列表来实现。

但是总的来说，段落至今还是一个没有精确定义的概念。换句话说，段落划分的标准还比较模糊，并带有动态、层次等因素。

就像在句法研究中的词组概念一样，有了段落这个大致的概念后，我们在话语结构中便可以研究段落之间的关系。段落之间的关系有上下层次和并行等，非常类似句法中的居上和领先。这样，树结构也就自然地用来表示段落之间上下层次和并行关系。类似于移归算法，栈就被用作分析段落的一个主要工具。话题转换词组标志着段落边界，从而成为栈操作（下推和上弹）的提示信号。

段落还可以用直接或间接的话题转换词组来标出。如，"换个话题吧"，"对不起，我要去做……"等。通过标志词组来找段落的方法可看作为由底向上。而显然，另外一种方法是由上到下的方法。这就是基于计划段落寻找方法。它的基本思想是如果我们能正确地设定对话者对话内容的范围，我们就可以利用有关这方面定式知识，即我们在 CD 理论中谈论到的计划这个概念，来对段落进行界定。

沿着这条思路进行研究工作的主要代表有格蓉丝和斯姐娜

（B. Grosz and G. Sidner，1986，1990）。

研究话语结构的另一个代表是郝柏斯（Hobbs，1979〔47〕）的局部一致性理论。在以后的发展中，他用假设推理把所提出的多种句子间的一致性关系，如平行、修辞等等统一起来，并且与同事一起实现在一个自然语言理解系统中〔48〕。

从另一方面看，如果我们能够正确地标志段落找到句子段落中心，指代问题也可以受益于此。因为，就像卡布内尔和布朗的方法所显示，代词对句子段落中心（或主题）有优先选择的倾向。

第七章　容错分析

在实际应用中，我们往往会遇到许多语言现象，对这些现象现有的语法不能覆盖。这种现象称之为超语法现象。随着对于自然语言处理需求的增加，如何妥善处理超语法现象便成为一个热门的研究课题。处理超语法现象也称为容错分析。一类容错分析的方法是所谓的局部分析法，即，我们不要求分析器给出对输入句子的完整分析，而只要对有关部分进行分析，并抽取重要信息。另外一类方法则是希望利用一些其他知识来对语法或输入进行修补，使得两者相合。这种容错分析通常要经历的步骤有：设法找到导致分析失败的词或词组；确定失败的类型；根据失败的类型进行相应的补救工作。对于在这方面的早期的工作，文章〔19〕作了相当全面的回顾和总结。下面我们来介绍一下近年来新提出的一些方法，并对其中的部分作详细的描述。

第一节　基于关键词或中心词的方法

这类方法〔53〕是容错分析中最直观的一种也是很有效的一种方法。它的基本假设是很多信息常常与一些特定词相联系。而那些特定词带有相应的连用词或结构。基于这个假设，此类方法的中心思想就是首先用一般的分析方法进行处理；如果遇到超语法现象，则利用分析过程中得到的关键词来假设一定的结构，再利用这些结构来填补分析句子与语法之间的差异。

算法：

1. 进行通常的分析。

· 如果分析成功，则返回分析结果。

· 如果分析失败，则：

　　· 进行一些预处理，如词类标识、词组组块等，并标定关键词。

·以这些关键词为主，根据与它们连用的词汇或语法特点（如，某些动词需要一定的词作为其宾语、补语等），在句子中寻找其他词或词组，并形成对句子中某部分分析的假设。

·根据某一些标准，从这些假设中挑选出最优一个。

常用的标准有：1）对可分析的句子部分，它的词数占全句词数的比例。比例越高则越好；2）对可分析的句子部分，我们感兴趣的部分占全句的比例；3）可分析的句子部分是否能形成语义上合理的分析，等等。

第二节 省略不识词的方法

省略不识词（生词）的方法，它的基本思想是在分析过程中，如果遇见不能被分析的词，就跳越过那些词，继续对余下部分进行分析。有些基于统计的标词类算法可以对生词进行标识词类。这样，我们对被越过生词有所了解，从而在继续对余下部分进行分析，找寻规则时，可以避免盲目。越过一些词后分析而得到的是词段的结构。如何把这些词段重新组合成有意义的整体描述是一个关键。瑟娜芙（S. Seneff，1992〔94〕）和她的同事对较小应用领域情况下，提出的方法如下。

1. 进行通常分析。

2. 如果1）成功，则返回分析结果。否则，进行以下各步。

3. 允许除了句始符 S 以外的其他词组，如名词词组、动词词组等，作为特定非终结符，且允许从输入的任何一个位置开始和终止分析。

4. 从各成功分析的词段中，挑选出覆盖输入句子中最长部分的那一组（当然，选出的各词段不能相互覆盖）。

5. 利用分析出的词组中的中心词来选择语义模式。

6. 利用语义模式来重组选出的各词组。

对于有些应用要求，如信息检索，我们并不一定要完整地分析输入句子。此时，这种部分分析方法也是非常有用。读者可参阅斯特赞寇夫斯基和武舍（Strzalkowski and Vauthey 1992 〔101〕）。

第三节　元规则方法

元规则方法（Weischedel and Sondheiner，1983〔106〕）首先对于语法和文本之间超语法现象进行分类，然后根据不同的类型和模式分别处理。这些处理主要是修改已有的规则，使得修改后的规则能够涵盖所遇到的超语法现象。具体用来修改已有的规则的元规则通常是由条件和修改两部分组成。语法和文本之间错配模式就是元规则的条件部分。而修改部分就是用来修改相应规则的指令。如果，有多条规则同时符合条件部分，则需要类似于前面提到的其他标准来对规则进行选择。

运用这种方法的困难之处在于如何找到这些元规则。通常，需要较大的语料库才能得到一套比较完整的元规则。

与此有关的另外一种修改语法的方法可以参阅〔1〕。它的基本思想是把可能的修改方式归结为三种基本运算然后对语法进行放宽，从而使得新语法可以接受超语法输入。

第四节　同化法

同化/异化原本是研究生物时所发现的生物为了适应外界环境所经历的变化过程。同化是指生物将外界物体改变并纳入体内为本身所用这个过程。异化则是指生物吸收了外界物体之后，而导致自身变化的过程。

如果将语言处理系统看作是主体而文本是外界物质，同化便是系统改变文本以期改变后的文本能为本身所接受和利用的过程。同化法就是研究如何根据系统的特点来改变输入文本的方法。而异化则是系统通过接触超语法现象，学习到新的规则而改变本身。这样，在以后的处理中如果系统再次遇到同样的超语法现象，便能适当处理。因此，异化过程也是一种学习过程。

从同化法的角度来看，如何改变输入有多种方法，如伯·郎、富田胜、拉维和笔者等等均提出过一些算法。我们先来看一下拉维如何修改 GLR 算法，然后再简单介绍笔者提出的另一种修改方法，最后提及伯·

郎的方法。

拉维（Lavie，1993〔61〕）的方法是基于对 GLR 算法的修改。它的基本思想是：在遇到图栈中的非活态结点（或称为眠态结点）时，允许对输入字符进行移进操作而实现跳越字符的分析。回顾介绍 GLR 时，我们曾引入图栈概念。图栈中栈顶结点总是状态结点，且这些结点被称为活态结点。而图栈中其他状态结点则称之为眠态结点。如我们所看到，随着分析过程的进行，活态结点会变成眠态结点，也有些活态结点因没有合法的操作而被修剪。但是，眠态结点是无法变成活态结点。在 GLR 算法中，所有的移进操作均起始于活态结点。拉维的方法允许从栈中眠态结点出发，根据动作表中相应条目，遇见所列的移进字符，则进行移进操作。这样，从该眠态结点到栈顶活态结点这些栈道上已经移入的字符就被跳过。

例 7. 1 GLR 算法中，得到图 7.1 所示图栈。

```
0        Det        3         N         9
*   --   +    --    *    --    +    --   @
```

状态 0，3 是眠态结点，9 是活态结点。GLR 算法只允许从结点 9 进行移进操作或归约操作。但是 *GLR** 就允许从结点 0 或 3 出发，移进 N 而到状态 4（见图 7.2）。这相当于 *GLR** 跳过 Det 而直接吸收 N。即，对于输入"Det N"…，*GLR** 既把它看成"Det N"…，也把它看成是"N"…一旦"Det N"…不合语法，而"N"…合语法时，*GLR** 也可以顺利地接受。

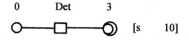

```
0        Det        3
O————□————O   [s   10]
```

图 7.1：a）带有活态和眠态结点的图栈例子

当句子很长并且语法具有很多规则时，跳越字符会导致很多歧义。尤其诸如 Det N 和 N 这类局部歧义会成倍地增长。对于局部歧义所引起的众多组合，减少其增长的一个方法是借用原 GLR 对于歧义结点所采取的聚合技术，即将对应于同一字符段的诸结点聚合成共享结点。对于此技术所作的一个修正是，在同一个共享结点中，对应于跳越较多字符

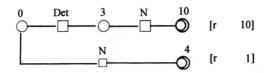

图 7.1：b）带有活态和眠态结点的图栈例子

的那个子结点（成分）就会被修剪去。这样，从局部范围我们就可以减少很多歧义。

拉维还用另外一些修剪方法来限制共享森林以及图栈的大小。修剪的准则是对于允许移进输入字符的眠态结点总数加以限制。仅当活态结点数目少于一个预定常数时，才允许从眠态结点上移进输入字符。而且考虑准许哪些眠态结点是依次进行的：离开当前活态结点越近且跳越字符数越少的结点，就越优先考虑。被准许的眠态结点数与当前活态结点数的总和被限制在那个预定常数内。

我们也曾对 GLR 的容错能力进行过探索，并建立了扩展的 GLR 系统（简称 EGLR，Weng，1993〔108〕）。与拉维只允许跳越的方法不同，一旦出现超语法现象时，EGLR 允许三种不同的操作同时对输入字符串进行加工，并使得加工后的输入串被语法覆盖或者与语法更接近。这三种操作是词或词组的插入、删除以及替代。

当分析器处理一个具有超语法现象输入时，在输入的某个位置上分析器会发现它不能继续处理。如上所述，分析器必须解决三个问题：设法找到导致分析失败的词或词组；确定失败的类型；根据失败的类型进行相应的补救工作。对于第一个问题，因为效率方面的考虑，一般分析器都会假定导致分析失败的词位于分析器受阻位置附近，即局部性假设。EGLR 也不例外。但是，对于第二和第三问题，EGLR 采用同时假设导致失败各种类型，并且让相应的各种操作同时对输入串进行修补，然后再择优而取。对于 EGLR 来说，它的三种操作对输入串的修补会导致三个长短不一的新字串。这对原 GLR 分析器是无法接受的。EGLR 的解决方法是引入空格字符—（—不能在现有的语法中），并对 GLR 的其他部分进行修改。修改的具体细节如下。

在动作表 A 中，增加一列以—为条目名的动作。即，对每个状态 i，在 A（i，—）条目放入移进操作"移进 i"。这个动作意味着在状态 i

遇到—时，把—移进到图栈中，并且仍留在状态 i。（参见图中动作表修改前后的对比例子）

在进行归约操作时，如果图栈中归约途径上有空格符—，EGLR 则对它视而不见，简单地跳过。

假定 EGLR 的当前输入是一串词类集合 Cs，

$$C_1 C_2 \cdots C_i \cdots C_n$$

每个 C_j 是词类的集合。假定位置 i，EGLR 分析器不能继续处理，开始修补 C_s。根据三种操作修改后的词类集合串为：

$$C_1 C_2 \cdots \ \{—\} \ \cup \overline{C_i} \cup C_i \cdots C_n$$

这里，$\overline{C}$ 是 C_i 相对于全体词类的集合的补集。运用其他知识，我们也可以用其他词类的集合来替代。

如果展开这个新构造的词类集合串，我们可以得到四种组合：

· $C_1 C_2 \cdots \overline{C_i} \cdots C_n$

· $C_1 C_2 \cdots \overline{C_i} C_i \cdots C_n$

· $C_1 C_2 \cdots \ \{—\} \ \{—\} \ \cdots C_n$

· $C_1 C_2 \cdots \ \{—\} \ C_i \cdots C_n$

显然，如果忽略空格符，这四种组合恰好是三种操作修改后的词类集合串加上原输入。原输入在新的一轮分析处理中，原输入会被自然淘汰，而空格符也会被跳过。因此，EGLR 对于 GLR 的修改满足我们的初愿。

对于 EGLR，我们同样会遇到许多歧义。这时，我们可以运用类似于 GLR^* 中采用的修剪方法。

如果，我们不仅对词而且对词组也希望进行类似修改的话，可以采用如下方法。对语法中的每个左项符 A，加入新规则 $A \rightarrow vtm_A$。然后对新形成的语法进行编译，得到动作表和转移表后，再用 EGLR 算法进行处理。新规则的直观意义是把表示词组的左项符用一个伪词类来代表。这样，原本对词的三种操作就可以对词组进行了。下面图表展示了原语法〔表 5.8〕和新形成语法〔表 7.2〕经编译后，各自产生的动作表及转移表 5.9、7.1 和 7.3。在图表中，NP 表示名词词组，VP 为动词词组，PP 为介词词组，S 为句子。而 *Det, *N, *Prep, *V 分别代表冠词，名词，介词和动词。—代表空格；s 表示移进操作，r 表示归约操作。

表 7.1　　　　　　　　　　扩展广义动作表和转移表

状态号	扩展后的广义动作表						转移表			
	* Det	* N	* Prep	* V	$	—	NP	PP	S	VP
0	s3	s4				s0	1		2	
1			s7	s8		s1		6		5
2			s7		a	s2		9		
3		s10				s3				
4			r1	r1	r1	s4				
5			r4		r4	s5				
6			r2	r2	r2	s6				
7	s3	s4				s7	11			
8	s3	s4	s7			s8	13	12		
9			r5		r5	s9				
10			r0	r0	r0	s10				
11			r3 s7	r3	r3	s11		6		
12			r8		r8	s12				
13			r7 s7		r7	s13		6		

下面我们介绍一下伯·郎（B. Lang，1989〔60〕）提出的有关处理超语法现象的建议。伯·郎建议的中心是把超语法的输入串转变为半序形式。我们继续引用上面的例子。假定位置 i，某分析器不能继续处理，开始修补。根据三种操作修改后的词类半序形式如图 7.3 所示。

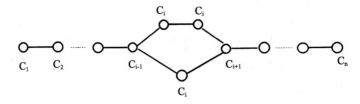

图 7.3　词类半序形式

我们前面曾提及欧雷算法和 GLR 欧雷均可接受半序形式的输入。因此，我们可以处理修改后的词类半序形式。从超语法的半序形式（串是一种特殊半序，即全序）到修改后半序这个转换可由有限状态转录机来实现。伯·郎的建议具有一般性但并没有对各种情况给出具体方法。对词组超语法现象如何设计有限状态转录机也没有讨论。

表7.2 扩展后的语法规则

规则号	整序后的 CFG 规则
0	NP→ * Det * N
1	NP→ * N
2	NP→ * vtm_{np}
3	NP→NP PP
4	PP→ * Prep NP
5	PP→ * vtm_{pp}
6	S→ * vtm_s
7	S→NP VP
8	S→S PP
9	START→S
10	VP→ * V NP
11	VP→ * V PP
12	VP→ * vtm_{vp}

表7.3 扩展语法的扩展广义动作表和转移表

状态号	扩展广义动作表										转移表			
	* Det	* N	* Prep	* V	$	—	* vtm_{np}	* vtm_{pp}	* vtm_s	* vtm_{vp}	NP	PP	S	VP
0	s3	s4				s0	s5		s6		1		2	
1			s9	s11		s1		s10		s12		8		7
2			s9		a	s2		s10				13		
3		s14				s3								
4			r1	r1	r1	s4		r1		r1				
5			r2	r2	r2	s5		r2		r2				
6			r6		r6	s6		r6						
7			r7		r7	s7		r7						
8			r3	r3	r3	s8		r3		r3				
9	s3	s4				s9	s5				15			
10			r5	r5	r5	s10		r5		r5				

续表

状态号	扩展广义动作表										转移表			
	*Det	*N	*Prep	*V	$	−	*vtm_np	*vtm_pp	*vtm_s	*vtm_vp	NP	PP	S	VP
11	s3	s4	s9			s11	s5	s10			17	16		
12			r12		r12	s12		r12						
13			r8		r8	s13		r13						
14			r0	r0	r0	s14		r0		r0				
15			r4	r4	r4	s15		r4		r4			8	
			s9					s10						
16			r11		r11	s16		r11						
17			r10		r10	s17		r10					8	
			s9					s10						

　　容错分析与实际应用关系密不可分。我们这里注重的是所介绍的方法的思想，以期能够抛砖引玉。如果在这些方法上增加统计知识，常常会起到更好的作用。结合统计进行工作的也有不少，限于篇幅我们不作介绍。

第八章　概率语法

　　描述物理世界和自然语言的模型可以分为确定性模型和统计模型。确定性模型运用明确的规则来表述物理世界（或自然语言）的已知的特定属性，典型的例子如牛顿力学。在自然语言处理中的例子有第 3 章中介绍的正则文法和上下文无关文法。然而，并不是所有的物理世界和自然语言的现象都可以由确定的规则来刻画，或者即使可以由规则来刻画，这些规则的使用有不确定性。在这种情况下，统计模型被用以描述物理世界和自然语言的统计属性。其基本假设是，物理世界和自然语言可以用随机过程来刻画，而随机过程中的参数可以精确地估计。统计模型的例子有统计力学，在自然语言中有概率语法。本章将要介绍三种概率语法，N 阶马尔柯夫链（ngram），隐马尔柯夫模型（Hidden Markov Model，HMM）和概率上下文无关文法（Probabilistic Context Free Grammar），又称随机上下文无关文法（Stochastic Context-Free Grammar）。其中 ngram 被广泛用作不同应用领域中的语言模型，隐马尔柯夫模型和概率上下文无关文法则分别对应于确定性模型中的正则文法和上下文无关文法。

第一节　Ngram

　　在第 2 章讲述贝叶斯法则的时候，我们以语音识别为例，提到了语言模型。语言模型被用以计算语句 $W = w_1, w_2, \cdots, w_n$ 先验概率 $P(W)$。

　　根据概率论的定理，$P(W)$ 可以分解为

$$P(W) = \prod_{i=1}^{n} P(w_i \mid w_1, \cdots, w_{i-1}) \tag{8.1}$$

　　也就是说，产生语句 W 的概率是产生其第一个字的概率，乘以在给定第一个字的条件下产生第二个字的概率，乘以在给定前两个字的条件

下产生第三个字的概率，……，乘以在给定前 $n-1$ 个字的条件下产生第 n 个字的概率。产生第 i 个字概率是由已产生的 $i-1$ 个字 w_1，…，w_{i-1} 决定的。w_1，…，w_{i-1} 称为产生第 i 个字的"历史"。

　　这里的问题是，随着历史长度的增加，不同的历史数按指数级增长。如果历史的长度为 $i-1$，则有 L^{i-1} 不同的历史（L 为词汇集的大小）。我们必须考虑在所有的 L^{i-1} 种不同历史的情况下，产生第 i 个词的概率。也就是说，这样的模型中有 L^i 个自由参数 $P(w_i \mid w_1$，…，$w_{i-1})$。当 $L=5000$，$i=3$ 时，自由参数的数目是 1250 亿！我们几乎不可能从训练数据中正确地估计这些参数，绝大多数的历史在训练数据中根本没有出现。

　　解决这个问题的方法是，将历史 w_1，…，w_{i-1} 按照某个法则映射到等价类 $S(w_1$，…，$w_{i-1})$，而等价类的数目远远小于不同历史的数目。如果假定

$$P(w_i \mid w_1，\cdots，w_{i-1}) = P(w_i \mid S(w_1，\cdots，w_{i-1})) \qquad (8.2)$$

则自由参数的数目就会大大地减少了。

　　有很多方法可将历史划分成等价类。其中较为实际的一种，是将两个历史映射到同一个等价类，当且仅当这两个历史的最近的 $N-1$ 个词相同：

$$S(w_1，w_2\cdots，w_i) = S(v_1 v_2，\cdots，v_k) \qquad (8.3)$$
$$\Uparrow$$
$$(w_{i-N+2}，\cdots，w_i) = (v_{k-N+2}，\cdots，v_k) \qquad (8.4)$$

　　在此情况下的模型称之为 Ngram。通常 N 的值不能太大，否则会有太多的等价类，前面提及的过多自由参数的问题仍然存在。当 $N=1$ 时，即出现在第 i 位上的字 w_i 独立于历史时，Ngram 语言模型被称为一阶马尔柯夫链（unigram 或 monogram）。当 $N=2$ 时，Ngram 语言模型被称为二阶马尔柯夫链（bigram），当 $N=3$ 时，Ngram 语言模型被称为三阶马尔柯夫链（trigram）。

　　当使用 trigram 为语言模型时，$P(W)$ 可分解为

$$P(W) = \prod_{i=1}^{N} P(w_i \mid w_{i-2}，\cdots，w_{i-1}) \qquad (8.5)$$

该语言模型的参数为 $P(w_3 \mid w_1，w_2)$。其值可由最大似然估计求得：

$$P\ (w_3\mid w_1,\ w_2)\ =f\ (w_3\mid w_1,\ w_2)\ =\frac{C\ (w_1,\ w_2,\ w_3)}{C\ (w_1,\ w_2)} \qquad (8.6)$$

其中 $C\ (w_1,\ w_2,\ w_3)$ 是 $w_1,\ w_2,\ w_3$ 在训练数据中出现的次数，$C\ (w_1,\ w_2)$ 是 $w_1,\ w_2$ 在训练数据中出现的次数，$f\ (w_3\mid w_1,\ w_2)$ 是在给定 $w_1,\ w_2$ 的条件下 w_3 出现的相对频率。

然而，公式（8.6）并没有解决所有问题。前面我们提到，当 $L=5000$，$N=3$ 时，trigram 有 1250 亿个自由参数。在训练数据中，很多可能事件 $w_1,\ w_2,\ w_3$ 根本没有出现过。根据最大似然估计，这些事件的概率为零。然而这些事件的真实概率并不一定为零。这个问题被称为数据匮乏问题（Sparse Data Problem）。下面我们介绍解决数据匮乏问题的几种常用方法，在此归纳为减值法和删除插值法。

一　减值法（Discounting）

减值法的基本思想是，在运用最大似然估计时，修改样本中的事件的实际计数，使样本中不同事件的概率之和小于 1。这样就产生了一些剩余概率量，将这些剩余概率量分配给未见事件，从而未见事件的估计概率大于 0。

古德—图灵（Good – Turing）估计

古德（I. J. Good）〔41〕引用图灵（Turing）的方法来估计概率分布。这种方法适用于由一个大的词汇集所产生的符合多项分布的大量的观察数据。

假定 N 是样本数据的大小，设 n_r 是在样本中正好出现 r 次的事件的数目（在这里，事件为 ngram $w_1,\ \cdots w_n$）。我们可得到

$$N=\sum_r r\times n_r \qquad (8.7)$$

Good-Turing 估计在样本中出现 r 次的事件的概率为

$$P_r=\frac{r^*}{N} \qquad (8.8)$$

其中 $r^*=\ (r+1)\ \dfrac{n_r+1}{n_r}$。

这样，样本中所有事件的概率之和为

$$\sum_{r>0} n_r\times p_r=1-\frac{n_1}{N}<1 \qquad (8.9)$$

也就是说，有 n_1/N 的剩余概率量可分配给所有的未见事件（$r=0$ 的事件。）

文〔73〕给出了公式（8.8）的多种推导，有兴趣的读者可参考此文。

后备（BACK-OFF）方法

凯茨（S. M. Katz）文〔57〕指出，Good-Turing 方法是通过对每个计数 $r>0$ 的减值，将剩余概率分布到未见事件中去。下面的公式明确的表现了这种对 Good-Turing 方法的解释：

$$P_r = (r - d_r) / N \tag{8.10}$$

其中 d_r 是从计数 r 中减值量，其值可由一个 $r \to d_r$（$r=1$，…，R）的函数来确定。文〔57〕中直接使用 Good-Turing 估计来求得 d_r。后备方法用下面的公式来估计事件的概率：

$$P(x_n \mid x_1^{n-1}) = \begin{cases} (1 - d(f(x_1^n))) \dfrac{f(x_1^n)}{f(x_1^{n-1})} & f(x_1^n) > K \\ \alpha(f(x_1^{n-1})) P(x_n \mid x_2^{n-1}) & f(x_1^n) \leqslant K \end{cases}$$

$$\tag{8.11}$$

其中，$x_1^k = x_1$，…，x_k，$f(\mathrm{x})$ 是 x 的频率。

后备方法的思想是，当某一事件（ngram w_1，…，w_n）在样本中出现的频率大于 K（K 通常为 0 或 1）时，运用最大似然估计经过减值来估计其概率。当某一事件的频率小于 K 时，使用低阶的（n-1）gram P（$x_n \mid x_2^{n-1}$）来作为代替 P（$x_n \mid x_1^{n-1}$）的后备。而这种代替必须受归一化因子 α 的作用。

对后备方法的另一种理解是，根据低阶的（n-1）gram 来分配由减值而节省下来的剩余概率给未见事件。这比将剩余概率平均分配给未见事件要合理。

当 $f(x_2^n) \leqslant K$ 时，后备方法中的低阶的（n-1）gram P（$x_n \mid x_2^{n-1}$）可用更低阶的后备（n-2）gram，（n-3）gram…来递归地求得。

绝对减值法和线性减值法

奈和艾森（H. Ney 和 U. Essen〔76〕）给出了另外两种减值函数 $r \to d_r$，称为绝对减值和线性减值。

绝对减值从每一个计数 r 中减去同样的量 d（减值函数为常数）。假

定 K 为所有的可能事件的数目（当事件为 ngram 时，设词汇集的大小为 L，则 $K = L^n$），样本中出现了 r 次的事件的概率可由下式估计：

$$P_r = \begin{cases} \dfrac{r - b}{N} & \text{当 } r > 0 \\[3mm] \dfrac{b \ (K - n_0)}{N n_0} & \text{当 } r = 0 \end{cases}$$

(8.12)

其中，n_0 是样本中未出现的事件的数目，$\dfrac{b \ (K - n_0)}{N}$ 是由减值而产生的剩余概率量。这些剩余概率量被均匀分配给 n_0 个未出现事件。

绝对减值法中有一自由参数 b，其值可通过留存数据（heldout data），经循环计算来求得〔75〕。如使用文〔76〕中的留一法（leave one out），可求得 b 的上限：

$$b \leqslant \dfrac{n_1}{n_1 + 2n_2} < 1$$

(8.13)

实际运用中，常以该上限代替优化的 b。

线性减值从每一个计数 r 中减去与该计数成正比的量（减值函数为 r 的线性函数）：

$$P_r = \begin{cases} \dfrac{(1 - \alpha) \ r}{N} & \text{当 } r > 0 \\[3mm] \dfrac{\alpha}{n_0} \end{cases}$$

(8.14)

线性减值中的剩余概率量为 α。这些剩余概率量被均匀分配给 n_0 个未出现事件。

线性减值有一自由参数 α。如使用文〔7b〕中的留一法，α 的优化值为 n_1/N。

文〔76〕中实验表明，由绝对减值法产生的 ngram 语言模型通常优于线性减值法。

二　删除插值法（Deleted Interpolation）

删除插值法的基本思想是，由于 w_2、w_3 在训练数据中出现的可能性比 w_1、w_2、w_3 出现的可能性要大得多，当 trigram 的值不能从训练数据中准确估计时，我们可以用 bigram 值来代替。同样，当 bigram 的值不能从训练数据中准确估计时，可以用 unigram 值来代替。为此，我们使用以下的插值公式：

$$P(w_3 \mid w_1, w_2) = \lambda_3 f(w_3 \mid w_1, w_2) + \lambda_2 f(w_3 \mid w_2) + \lambda_1 f(w_3) \tag{8.15}$$

其中 $\lambda_1 + \lambda_2 + \lambda_3 = 1$。

为了确定 λ_1，λ_2，λ_3 的值，我们将训练数据分为两部分〔从原训练数据中"删除"一部分作为留存数据（heldout data）以待别用〕。第一部分用于估计 $f(w_3 \mid w_1, w_2)$，$f(w_3 \mid w_2)$ 和 $f(w_3)$，第二部分（留存数据）H 用于计算 λ_1、λ_2、λ_3：我们必须求得 λ_1、λ_2、λ_3 的值，使得由插值公式（8.15）所获得的 trigram 能使留存数据 H 的概率

$$P(H) = \prod_{i=1}^{\|H\|} P(h_i \mid h_{i-2}, h_{i-1}) \tag{8.16}$$

最大。使用语言模型的常用术语，λ_1、λ_2、λ_3 的值应使语言模型对 H 的困惑度最小。

具体计算 λ_1，λ_2，λ_3 的算法，是我们下面要介绍的隐马尔柯夫模型的参数估计算法（向前向后算法）的特例，在此我们不作介绍。有兴趣的读者可参考文〔51，6〕。

三　基于词分类的 Ngram

解决数据匮乏问题的另一种方法是将词分类，并以词类来代替词而得到 ngram 中的历史等价类。由于词类的数目一般远远小于词的数目，这将大大减少 ngram 中自由参数的数量。具体的算法我们将在第 9 章第 1 节讨论语言学习时予以介绍。

第二节　隐马尔柯夫模型

一　马尔柯夫模型

马尔柯夫模型描述了一类重要的随机过程。如果一个系统有 N 个状态 S_1，S_2，…，S_N，随着时间的推移，该系统从某一状态转移到另一状态。我们将在时间 t 的状态记为 q_t。对该系统的描述通常需要给出系统的当前状态（时间为 t 的状态）及其之前的所有状态：系统在时间 t 处

于状态 S_j 的概率取决于其在时间 1，2，$\cdots$，$t-1$ 的状态，该概率为

P（$q_t = S_j \mid q_{t-1} = S_i$，$q_{t-2} = S_k$，$\cdots$）

如果在特定情况下，系统在时间 t 的状态只与其在时间 $t-1$ 的状态相关，则该系统构成一个离散的一阶马尔柯夫链：

P（$q_t = S_i \mid q_{t-1} = S_j$，$q_{t-2} = S_k$，$\cdots$）$= P$（$q_t = S_j \mid q_{t-1} = S_i$）

$$\tag{8.17}$$

进一步，我们只考虑公式（8.17）独立于时间 t 的随机过程：

P（$q_t = S_j \mid q_{-1} = S_i$）$= a_{ij}$，$1 \leqslant i$，$j \leqslant N$ $\qquad$ (8.18)

该随机过程为马尔柯夫模型。其中状态转移概率 a_{ij} 必须满足

$a_{ij} \geqslant 0$ $\qquad\qquad\qquad\qquad\qquad\qquad\qquad$ (8.19)

$\sum_{j=1}^{N} a_{ij} = 1$ $\qquad\qquad\qquad\qquad\qquad\qquad$ (8.20)

马尔柯夫模型又可视为随机有限状态自动机。该有限状态自动机的每一个状态转换都有一相应的概率，该概率表示自动机采用这一状态转换的可能性。

例 8.1 假定在一段时间内的气象可由一三状态马尔柯夫模型 M 描述：

状态 S_1：雨或雪

状态 S_2：多云

状态 S_3：晴

状态间的转移概率由下列矩阵给出：

$$A = [a_{ij}] = \begin{vmatrix} 0.4 & 0.3 & 0.3 \\ 0.2 & 0.6 & 0.2 \\ 0.1 & 0.1 & 0.8 \end{vmatrix}$$

如果第一天为晴天，根据这一模型，在今后七天中天气为 $O =$ "晴晴雨雨晴云晴" 的概率为

P（$O \mid M$）$= P$（S_3，S_3，S_3，S_1，S_1，S_3，S_2，$S_3 \mid M$）

$\qquad\qquad = P$（S_3）$\cdot P$（$S_3 \mid S_3$）$\cdot P$（$S_3 \mid S_3$）$\cdot P$（$S_1 \mid S_3$）$\cdot$

$\qquad\qquad\quad P$（$S_1 \mid S_1$）$\cdot P$（$S_3 \mid S_1$）$\cdot P$（$S_2 \mid S_3$）$\cdot P$（$S_3 \mid S_2$）

$\qquad\qquad = 1 \cdot a_{33} \cdot a_{33} \cdot a_{31} \cdot a_{11} \cdot a_{13} \cdot a_{32} \cdot a_{23}$

$\qquad\qquad = （0.8）（0.8）（0.1）（0.4）（0.3）（0.1）（0.2）$

$\qquad\qquad = 1.536 \times 10^{-4}$ $\qquad\qquad\qquad\qquad\qquad$ (8.21)

二　隐马尔柯夫模型

马尔柯夫模型中，每一个状态代表一个可观察的事件。这限制了模型的适用性。在隐马尔柯夫模型中，观察到的事件是状态的随机函数。因此该模型是一双重随机过程，其中模型的状态转换过程是不可观察（隐蔽）的。而可观察的事件的随机过程是隐蔽的状态转换过程的随机函数。

例 8.2 假定在一房间中有 N 只瓮，每只瓮中有 M 种不同颜色的球。一个实验员根据某一概率分布随机地选择一个初始瓮，从其中根据不同颜色的球的概率分布，随机地取出一个球，并报告该球的颜色。然后，根据某一概率分布，随机地选择另一只瓮，再从其中根据不同颜色的球的概率分布，随机地取出一个球，并报告该球的颜色……对房间外的观察者，可观察的过程是不同颜色的球的序列，而瓮的序列是不可观察的。

这里，每只瓮对应于隐马尔柯夫模型中的状态，球的颜色对应于隐马尔柯夫模型中的状态的输出符号。从一只瓮转向另一只瓮对应于状态转换，从一只瓮中取球对应于从一状态输出观察符号。

从上例可以看出，隐马尔柯夫模型有如下的组成部分：

1. 模型中的状态数 N（瓮的数目）。

2. 从每一状态可能输出的不同的符号数 M（不同的颜色数目）。

3. 状态转移概率矩阵 $A = a_{ij}$（a_{ij} 为实验员从一只瓮〔状态 S_i〕转向另一只瓮〔状态 S_j〕取球的概率）。其中

$$a_{ij} = P\left(q_t = S_j \mid q_{t-1} = S_i\right), \quad 1 \leq i, j \leq N$$

$$a_{ij} \geq 0$$

$$\sum_{j=1}^{N} a_{ij} = 1 \tag{8.22}$$

4. 从状态 S_j 观察到符号 v_k 的概率分布矩阵 $B = b_j(k)$（$b_j(k)$ 为实验员从第 j 只瓮中取出第 k 种颜色的球的概率），其中

$$b_j(k) = P\left(O_t = v_k \mid q_t = S_j\right), \quad 1 \leq j \leq N, \ 1 \leq k \leq M$$

$$b_j(k) \geq 0$$

$$\sum_{k=1}^{M} b_j(k) = 1 \tag{8.23}$$

5. 初始状态概率分布 $\pi = \pi_i$，其中

$\pi_i = P\ (q_1 = S_i)$，$1 \le i \le N$

$\pi_i \ge 0$

$$\sum_{i=1}^{N} \pi_i = 1 \tag{8.24}$$

为方便计，我们将隐马尔柯夫模型记为 $\lambda = (A，B，\pi)$，用以指出模型 λ 的参数集合。

给定模型 $\lambda = (A，B，\pi)$，观察序列 $O = O_1，O_2，\cdots，O_T$ 可由以下步骤产生：

1. 根据初始状态概率分布 $\pi = \pi_i$ 选择一初始状态 $q_1 = S_i$。

2. 设 $t = 1$。

3. 根据状态 S_i 的输出概率分布 $b_i\ (k)$，输出 $O_t = v_k$。

4. 根据状态转移概率分布 a_{ij}，转移到新状态 $q_{t+1} = S_j$。

5. 设 $t = t + 1$。如果 $t < T$，重复步骤 3，4。否则结束。

隐马尔柯夫模型中有三个基本问题：

1. 给定一个观察序列 $O = O_1 O_2 \cdots O_T$ 和模型 $\lambda = (A，B，\pi)$，如何快速地计算 $P\ (O \mid \lambda)$，也就是在给定模型 λ 的情况下观察序列 O 的概率。

2. 给定一个观察序列 $O = O_1 O_2 \cdots O_T$ 和模型 $\lambda = (A，B，\pi)$，如何快速地选择在一定意义下"最优"的状态序列 $Q = q_1 q_2 \cdots q_T$，使得该状态序列"最好的解释"观察序列？

3. 给定一个观察序列 $O = O_1 O_2 \cdots O_T$，如何根据最大似然估计来求模型的参数值，也就是说，如何调节模型 $\lambda = (A，B，\pi)$ 的参数，使得 $P\ (O \mid \lambda)$ 最大？

下面的几种算法给出了这些问题的解答。

三　向前算法

向前算法是解决第一个问题的算法。要求 $P\ (O \mid \lambda)$，最直接的办法可以把在所有状态序列下观察到序列 O 的概率相加：

$$P\ (O \mid \lambda) = \sum_{Q} P\ (O，Q \mid \lambda) \tag{8.25}$$

$$= \sum_{Q} P\ (Q \mid \lambda)\ P\ (O \mid Q，\lambda) \tag{8.26}$$

其中 $P(Q\mid\lambda)$ 是在给定模型 $\lambda=(A,B,\pi)$ 的情况下状态序列 $Q=q_1q_2\cdots q_T$ 的概率，$P(O\mid Q,\lambda)$ 是给定状态序列 $Q=q_1q_2\cdots q_T$ 和模型 $\lambda=(A,B,\pi)$ 的情况下观察序列 $O=O_1O_2\cdots O_T$ 的概率。它们可分别写成：

$$P(Q\mid\lambda)=\pi_{q_1}a_{q_1q_2}a_{q_2q_3}\cdots a_{q_{T-1}q_T} \tag{8.27}$$

$$P(O\mid Q,\lambda)=b_{q_1}(O_1)\cdot b_{q_1}(O_1)\cdots b_{q_T}(O_T) \tag{8.28}$$

这样做的困难是，我们必须穷尽所有可能的状态序列。如果 $\lambda=(A,B,\pi)$ 中有 N 个不同的状态，时间长度是 T，我们有 N^T 个可能的状态序列。这样的算法会造成"指数爆炸"，当 T 很大时，几乎没有计算机能够有效地执行这个算法。

向前算法运用动态规划的方法，使得原来指数爆炸的问题可以在 $O(N^2T)$ 的时间内解决。该算法使用了向前变量 $\alpha_t(i)$：

定义 8.1 向前变量是在时间 t，隐马尔柯夫模型输出了序列 $O_1O_2\cdots O_t$，并且位于状态 S_i 的概率：

$$\alpha_t(i)=P(O_1O_2\cdots O_t,q_t=S_i\mid\lambda) \tag{8.29}$$

向前算法的主要思想是，如果可以高效地计算向前变量 $\alpha_t(i)$，我们就能由此求得 $P(Q\mid\lambda)$。这是因为 $P(O\mid\lambda)$ 是在所有状态 q_T 下观察到序列 $O=O_1O_2\cdots O_T$ 的概率：

$$P(O\mid\lambda)=\sum_{S_i}P(O_1O_2\cdots O_T,q_T=S_i\mid\lambda) \tag{8.30}$$

$$=\sum_{i=1}^{N}\alpha_T(i) \tag{8.31}$$

向前算法运用动态规划计算向前变量 $\alpha_t(i)$。该算法是基于如下的观察：在时间 $t+1$ 的向前变量可根据在时间 t 的向前变量 $\alpha_t(1)$，$\cdots$，$\alpha_t(N)$ 的值来归纳计算：

$$\alpha_{t+1}(j)=\left[\sum_{i=1}^{N}\alpha_t(i)\,a_{ij}\right]b_j(O_{t+1}) \tag{8.32}$$

图 8.1 描述了公式（8.32）中的归纳关系。从起始到时间 $t+1$，HMM 到达状态 S_j，并输出了观察序列 $O_1O_2\cdots O_{t+1}$ 的过程，可分解为以下两个步骤：

1. 从起始到时间 t，HMM 到达状态 S_i，并输出了观察序列 $O_1O_2\cdots O_t$。

2. 从状态 S_i 转移到状态 S_j 并在 S_j 输出 O_{t+1}。

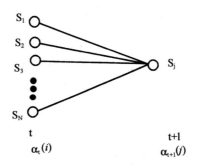

图 8.1 向前变量 $\alpha_{t+1}(j) = \left[\sum_{i=1}^{N}\alpha_t(i)\ a_{ij}\right]b_j(O_{t+1})$

这里 S_i 可以是 HMM 的任意状态。这个过程的第一步，即 HMM 在时间 t 到达状态 S_i，并输出了观察序列 $O_1 O_2 \cdots O_t$ 的概率，根据定义，正是向前变量 $\alpha_t(i)$。这个过程第二步的概率为 $a_{ij} \times b_j(O_{t+1})$。因而整个过程的概率为 $\alpha_t(i)\ a_{ij} b_j(O_{t+1})$。由于 HMM 可以从不同的 S_i 转移到 S_j，我们必须将所有可能的路径的概率相加，由此得到公式（8.32）。

从公式（8.32）给出的归纳关系，我们可按顺序计算向前变量 $\alpha_1(x)$，$\alpha_2(x)$，$\cdots$，$\alpha_T(x)$（x 为 HMM 中的状态变量）。由此，我们得到如下算法：

算法 8.1 向前算法：

1. 初始化：$\alpha_1(i) = \pi_i b_i(O_1)$，　　　$1 \leqslant i \leqslant N$

2. 归纳计算：

$\alpha_{t+1}(j) = \left[\sum_{i=1}^{N}\alpha_t(i)\ a_{ij}\right]b_j(O_{t+1})$，$1 \leqslant t \leqslant T-1$

3. 终结：$P(O \mid \lambda) = \sum_{i=1}^{N}\alpha_T(i)$

初始化一步中，π_i 是初始状态为 i 的概率，$b_i(O_1)$ 是在状态 i 输出 O_1 的概率。二者之积为"在时间 1，隐马尔柯夫模型输出了序列 O_1，并且位于状态 S_i 的概率"。根据定义，这就是 $\alpha_1(i)$。

向前算法的时间复杂性不难计算：每计算一个 $\alpha_t(i)$ 必须考虑从 $t-1$ 时的所有 N 个状态转移到状态 S_i 的可能性，其时间复杂性为 $O(N)$。对应每个时间 t，我们要计算 N 个向前变量 $\alpha_t(1)$，$\cdots$，$\alpha_t(N)$。时间复杂性为 $O(N) \times N = O(N^2)$。因为 t 可以为 1，2，$\cdots$，T，所以向前算法的总时间复杂性为 $O(N^2 T)$。

对应于向前变量, 我们在此定义"向后变量"β_t (i), 它将被运用于对问题 3 的解决。

定义 8.2 向后变量 β_t (i) 是在给定了模型 $\lambda = (A, B, \pi)$ 和假定在时间 t 状态为 S_i 的条件下, HMM 将输出观察序列 $O_{t+1} O_{t+2} \cdots O_T$ 的概率:

$$\beta_t (i) = P (O_{t+1} O_{t+2} \cdots O_T \mid q_t = S_i, \lambda) \qquad (8.33)$$

和向前变量一样, 我们可以运用动态规划计算向后变量。类似地, 在时间 t 和状态为 S_i 的条件下, HMM 输出观察序列 $O_{t+1} O_{t+2} \cdots O_T$ 的过程可以分解成两步:

1. 从时间 t 到时间 $t+1$, HMM 由状态 S_i 转移到状态 S_j, 并从 S_j 输出 O_{t+1}。

2. 在时间 $t+1$, 状态为 S_j 的条件下, HMM 输出观察序列 $O_{t+2} O_{t+2} \cdots O_T$。

第一步的概率为 $a_{ij} \times b_j (O_{t+1})$, 第二步的概率, 按照向后变量的定义, 是 β_{t+1} (j)。从而, 我们可得到归纳关系:

$$\beta_t (i) = \sum_{j=1}^{N} a_{ij} b_j (O_{t+1}) \beta_{t+1} (j) \qquad (8.34)$$

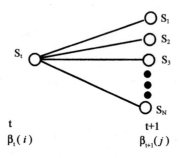

图 8.2　向后变量 β_t (i) $= \sum_{j=1}^{N} a_{ij} b_j (O_{t+1}) \beta_{t+1}$ (j)

图 (8.2) 描述了公式 (8.34) 中的归纳关系。向后算法即依此归纳关系, 按顺序计算 β_T (X), β_{T-1} (x), $\cdots$, β_1 (x)　(x 为 HMM 的状态):

算法 8.2 向后算法:

1. 初始化: β_T (i) $= 1$, $1 \leqslant i \leqslant N$

2. 归纳计算：$\beta_t(i) = \sum_{j=1}^{N} a_{ij} b_j(O_{t+1}) \beta_{t+1}(j)$，$T-1 \geq t \geq 1$；$1 \leq i \leq N$

向后算法的时间复杂性亦为 $O(N^2 T)$。

四 韦特比算法

给定一个观察序列 $O = O_1 O_2 \cdots O_T$ 和模型 $\lambda = (A, B, \pi)$，如何有效地选择在一定意义下"最优"的状态序列 $Q = q_1 q_2 \cdots q_T$，使得该状态序列"最好的解释"观察序列？

这个问题的解答不是唯一的，而是取决于如何理解"'最优'的状态序列"。一种理解是，该状态序列中每一个状态都单独地具有最大的可能性。也就是说，要使得

$$\gamma_t(i) = P(q_t = S_i \mid O, \lambda) \tag{8.35}$$

最大。

$\gamma_t(i)$ 可以用向前变量和向后变量来表达：

$$\gamma_t(i) = P(q_t = S_i \mid O, \lambda) = \frac{P(q_t = S_i, O \mid \lambda)}{P(O \mid \lambda)} \tag{8.36}$$

其中 $P(q_t = S_i, O \mid \lambda)$ 为 HMM 输出 O，并且在时间 t 到达状态 i 的概率。这个过程可以分解成两步：

1. HMM 在时间 t 到达状态 i，并且输出 $O_1, \cdots, O_t$。根据向前变量的定义，实现这一步的概率为 $\alpha_t(i)$。

2. 从时间 t，状态 S_i 出发，HMM 输出 $O_{t+1}, \cdots, O_T$。根据向后变量的定义，实现这一步的概率为 $\beta_t(i)$。

于是

$$P(q_t = S_i, O \mid \lambda) = \alpha_t(i) \times \beta_t(i) \tag{8.37}$$

而 $P(O \mid \lambda)$ 是不论在时间 t 的状态如何，HMM 输出 O 的概率。因此，

$$P(O \mid \lambda) = \sum_{i=1}^{N} \alpha_t(i) \times \beta_t(i) \tag{8.38}$$

由 (8.36)，(8.37) 和 (8.38)，

$$\gamma_t(i) = \frac{\alpha_t(i) \beta_t(i)}{\sum_{i=1}^{N} \alpha_t(i) \beta_t(i)} \tag{8.39}$$

有了 $\gamma_t(i)$，在时间 t 的最优状态为

$$q_t^* = \underset{x_1 \le i \le N}{argmax} \left[\gamma_t (i) \right]$$

但是以上这种对"'最优'的状态序列"的理解可能造成问题。由于我们只考虑使每一个状态都单独地达到最大的可能性而忽略了状态序列中两个状态之间的关系，很可能 q_t^* 和 q_{t+1}^* 之间的转移概率 $a_{q_t^* q_{t+1}^*} = 0$。在此情况下，所谓的"最优"的状态序列根本就不是合法的序列。

对"'最优'的状态序列"的另外一种理解，也是最常见的理解是，在给定模型 λ 和观察序列 O 的条件下概率最大的状态序列：

$$Q^* = \underset{Q}{arg\ max} P (Q \mid O, \lambda) \tag{8.40}$$

这种理解避免了前面一种理解的问题。由于我们优化的不是状态序列中的单个状态，而是整个状态序列，不合法的状态序列的概率为零，因而就不可能被选为最优状态序列。

韦特比算法是运用动态规划搜索这种最优状态序列的算法。和向前算法与向后算法一样，韦特比算法定义了一个变量 $\delta_t (i)$：

定义 8.3 韦特比变量 $\delta_t (i)$ 是在时间 t 隐马尔柯夫模型沿着某一条路径到达状态 S_i，并输出观察序列 $O_1 O_2 \cdots O_t$ 的最大概率：

$$\delta_t (i) = \underset{q_1, q_2, \cdots, q_{t-1}}{max} P (q_1, q_2, \cdots, q_t = S_i, O_1, O_2, \cdots, O_t \mid \lambda$$

$$\tag{8.41}$$

和向前变量相似，$\delta_{t(i)}$ 有如下的递归关系，使得我们能够应用动态规划：

$$\delta_{t+1} (i) = \left[\underset{j}{max} \delta_t (j) a_{ji} \right] \cdot b_i (O_{t+1}) \tag{8.42}$$

除了 $\delta_t (i)$ 外，韦特比算法利用变量 $\Psi_t (i)$ 来记忆在时间 t HMM 是通过哪一条概率最大的路径到达状态 S_i 的。实际上，$\Psi_t (i)$ 记录了该路径上状态 S_i 的前面一个（在时间 $t-1$ 的）状态。

算法 8.3 韦特比算法：

1. 初始化：

$$\delta_1 (i) = \pi_i b_i (O_1), \qquad 1 \le i \le N$$

$$\Psi_1 (i) = 0。$$

2. 归纳计算：

$$\delta_t (j) = \left[\underset{1 \le i \le N}{max} \left[\delta_{t-1} (i) a_{ij} \right] \cdot b_j (O_t), \ 2 \le t \le T, \ 1 \le j \le N \right.$$

$$\Psi_t (j) = \left[\underset{1 \le i \le N}{argmax} \left[\delta_{t-1} (i) a_{ij} \right] \cdot b_j (O_t), \ 2 \le t \le T, \ 1 \le i \le N \right.$$

3. 终结：

$$p^* = \max_{1 \le i \le N} [\delta_T(i)]$$

$$q_T^* = \arg\max_{1 \le i \le N} [\delta_T(i)]$$

4. 路径（状态序列）回溯：

$$q_t^* = \Psi_{t+1}(q_{t+1}^*), \qquad t = T-1, \ T-2, \ \cdots, \ 1。$$

不难推断，韦特比算法的时间复杂性和向前算法于向后算法一样，也是 $O(N^2T)$。

五　向前向后算法

向前向后算法被用于解决 HMM 的第三个问题，即隐马尔柯夫模型中的参数估计。给出了观察序列 $O = O_1 O_2 \cdots O_T$ 作为训练数据，参数估计的目的是估计模型 λ 中的 π_i, a_{ij}, $b_j(k)$, 使得观察序列 O 的概率 $P(O \mid \lambda)$ 最大。这就是一种最大似然估计。

如果产生观察序列 O 的状态序列 $Q = q_1 q_2 \cdots q_T$ 已知，我们可以由最大似然估计来估计隐马尔柯夫模型的参数：

$$\overline{\pi_i} = \delta(q_1, S_i)。$$

$$\overline{a_{ij}} = \frac{Q \text{ 中从状态 } q_i \text{ 转移到状态 } q_j \text{ 的次数}}{Q \text{ 中从状态 } q_i \text{ 转移到另一状态（含 } q_i \text{ 本身）的次数}}$$

$$= \frac{\sum_{t=1}^{T-1} \delta(q_t, S_i) \times \delta(q_{t+1}, S_j)}{\sum_{t=1}^{T-1} \delta(q_t, S_i)}$$

$$\overline{b_j}(k) = \frac{Q \text{ 中由状态 } q_j \text{ 输出 } v_k \text{ 的次数}}{Q \text{ 到达 } q_j \text{ 的次数}}$$

$$= \frac{\sum_{t=1}^{T} \delta(q_t, S_j) \times \delta(O_t, v_k)}{\sum_{t=1}^{T} \delta(q_t, S_j)} \tag{8.43}$$

其中，$\delta(x, y)$ 为克罗奈克函数：当 $x = y$ 时，$\delta(x, y) = 1$；否则 $\delta(x, y) = 0$，V_k 是 HMM 输出符号集中的第 k 个符号。

由于隐马尔柯夫模型中的状态序列是观察不到的（隐变量），以上的最大似然估计是不可行的。所幸的是，EM（Expectation-Maximaization）算法可用于含有隐变量的统计模型的参数最大似然估计。其基本思想是，初始时随机地给模型的参数赋值（该赋值必须遵守模型对参数的限制，如从一状态出发的所有转移概率的总和为 1），得到模型 λ_0。

由 λ_0，我们可以得到模型中隐变量的期望值。以隐马尔柯夫模型为例，我们可从 λ_0 得到从某状态转移到另一状态的期望次数。以期望次数来代替公式（8.43）中的实际次数，我们便可得到模型参数的新的估计，由此得到新的模型 λ_1。从 λ_1，我们又可得到模型中隐变量的期望值，由此又可重新估计模型参数。循环以上的过程，文〔29〕证明了模型参数将收敛于最大似然估计值。向前向后算法即是 EM 算法在 HMM 中的具体应用。

给定隐马尔柯夫模型 λ 和观察序列 $O = O_1O_2\cdots O_T$，在时间 t 位于状态 i，时间 $t+1$ 位于状态 j 的概率 $\xi_t(i, j) = P(q_t = S_i, q_{t+1} = S_j) \mid O, \lambda)$ 可由公式（8.44）获得：

$$\begin{aligned}
\xi_t(i, j) &= \frac{P(q_t = S_i, q_{t+1} = S_j, O \mid \lambda)}{P(O \mid \lambda)} \\[2mm]
&= \frac{\alpha_t(i) \, a_{ij}b_j(O_{t+1}) \, \beta_{t+1}(j)}{P(O \mid \lambda)} \\[2mm]
&= \frac{\alpha_t(i) \, a_{ij}b_j(O_{t+1}) \, \beta_{t+1}(j)}{\sum_{i=1}^{N} \sum_{j=1}^{N} \alpha_t(i) \, a_{ij}b_j(O_{t+1}) \, \beta_{t+1}(j)}
\end{aligned} \tag{8.44}$$

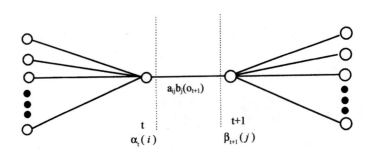

图8.3 $P(q_t = S_i, q_{i+1} = S_j, O \mid \lambda)$

图 8.3 显示了公式（8.44）中 $P(q_t = S_i, q_{i+1} = S_j, O \mid \lambda)$ 如何可由向前变量和向后变量表达。

于是，给定 λ 和观察序列 $O = O_1O_2\cdots O_T$，在时间 t 位于状态 i 的概率 $\gamma_t(i)$ 为：

$$\gamma_t(i) = \sum_{i=1}^{N} \xi_t(i, j) \tag{8.45}$$

由此，λ 的参数可由下面的公式重新估计：

$\pi_i = q_1$ 为 S_i 的概率 $= \gamma_1 \ (i)$

$$a_ij = \frac{Q \text{ 中从状态 } q_i \text{ 转移到状态 } q_j \text{ 的期望次数}}{Q \text{ 中从状态 } q_i \text{ 转移到另一状态（含 } q_i \text{ 本身）的期望次数}}$$

$$= \frac{\sum_{t=1}^{T-1} \xi_t \ (i, \ j)}{\sum_{t=1}^{T-1} \gamma_t \ (i)}$$

$$\overline{b}_j \ (k) = \frac{Q \text{ 中由状态 } q_j \text{ 输出 } v_k \text{ 的期望次数}}{Q \text{ 到达状态 } q_j \text{ 的期望次数}}$$

$$= \frac{\sum_{t=1}^{T} \gamma_t \ (j) \times \delta \ (O_t, \ v_k)}{\sum_{t=1}^{T} \gamma_t \ (j)} \tag{8.46}$$

算法 8.4 向前向后算法：

1. 初始化：随机地给 π_i，a_{ij}，$b_j \ (k)$ 赋值，使得

$$\sum_{i=1}^{N} \pi_i = 1;$$

$$\sum_{j=1}^{N} a_{ij} = 1; \qquad 1 \le i \le N$$

$$\sum_{k=1}^{M} b_i \ (k) = 1; \qquad 1 \le i \le N \tag{8.47}$$

由此得到模型 λ_0。设 i = 0。

2. EM 步骤：

E-步骤：由 λ_i 根据公式（8.44）和（8.45），计算期望值 $\xi_t \ (i, \ j)$ 和 $\gamma_t \ (i)$。

M-步骤：用 E-步骤所得的期望值，根据公式（8.46）重新估计 π_i，a_{ij}，$b_j \ (k)$，得到模型 λ_{i+1}

3. 循环计算：设 $i = i + 1$；重复 EM-步骤，直至 π_i，a_{ij}，$b_j \ (k)$ 值收敛。

隐马尔柯夫模型有广泛的应用。几乎所有当今高性能的语音识别系统均应采用 HMM 来建立语音模型。在计算语言学中，HMM 的最成功的应用是词类标识。一个语言中很多词的词类是歧义的，下例中汉语的"计算"和英语的"record"就可以用作动词和名词：

例 8.3 词类歧义：

韦特比算法可以计算 HMM 在给定观察序列时的最佳路径

韦特比算法进行如下计算

Did you record the speech?

I have a record of the conversation.

词类标识（Part-of-Speech Tagging）的任务就是要通过学习使得计算机能够根据上下文自动地识别出带歧义的词的词性。

此外，隐马尔柯夫模型在汉语中还可以用于解决词切分的问题。我们将在第 10 章中详细地介绍 HMM 在词类标识中的应用。

本节中介绍的向前向后算法，是在 HMM 的拓扑结构给定的情况下估计隐马尔柯夫模型中的参数。而 HMM 的拓扑结构则往往是由HMM 的使用者事先确定的。在第 9 章中我们将介绍一种语法推理的方法，此法可自动推导出 HMM 的拓扑结构。

第三节　概率上下文无关文法

在第 3 章中我们介绍了上下文无关文法。概率上下文无关文法（PCFG）是上下文无关文法的概率拓广：上下文无关文法中的每一个产生式 $A{\rightarrow}\alpha$ 都被附加了一个概率值。对所有的非终结符 A，该概率分布必须满足

$$\sum_{\alpha} P\ (A{\rightarrow}\alpha)\ = 1 \tag{8.48}$$

较之于上下文无关文法，概率上下文无关文法有如下优点：

1. 在一个有歧义的概率上下文无关文法中，如果参数选择适当，正确的语法分析结构具有较高的概率。因而 PCFG 能够用于歧义化解，即在诸多的语法结构（歧义分析）中选择正确的语法结构。有兴趣的读者可参考文〔36〕。

2. 由于我们可以尽早删除语法分析过程中发现的概率很小的子结构，概率上下文无关文法加速了语法分析。

3. 概率上下文无关文法允许我们能够定量地比较两个语法的性能。给定两个语法 G_1 和 G_2，我们可以使用语料库 C 来定量地评价 G_1 和 G_2：如果 $P_{G_1}\ (C)\ > P_{G_2}\ (C)$，我们可以得出 G_1 优于 G_2 的结论。

和隐马尔柯夫模型相似，概率上下文无关文法有三个基本问题：

1. 给定一个语句 $W = w_1 w_2 \cdots w_n$ 和概率上下文无关文法 G，如何快速地计算 $P\ (W | G)$，也就是给定文法 G 产生语句 W 的概率？

2. 给定一个语句 $W = w_1 w_2 \cdots w_n$ 和概率上下文无关文法 G，如何选择

该语句的最佳语法结构？也就是说，在该语句是歧义的情况下，如何快速地选择最佳的语法分析？

3. 给定一个语句 $W = w_1 w_2 \cdots w_n$ 和上下文无关文法 G，如何调节文法 G 的概率参数，使得 $P(W \mid G)$ 最大？

以下我们将要介绍解决这些问题的算法，包括向内算法、向内向外算法等。为了使这些算法的描述简明扼要，我们假定上下文无关文法具有乔姆斯基规范。也就是说，文法中只有下面两种形式的产生式：

1. $A \rightarrow a$；a 为终结符
2. $A \rightarrow B\ C$；B，C 为非终结符

给定任一上下文无关文法，均可以把它转换成乔姆斯基规范文法。对文法的乔姆斯基规范形式的假定不影响这些算法的适用性。这里所给的算法只需经适当的修改便可用于其他形式的上下文无关文法。

一 向内算法

向内算法用于计算在给定概率上下文无关文法 G 的情况下，语句 $W = w_1 w_2 \cdots w_n$ 的概率。该算法的基本思想是，通过动态规划计算由非终结符 A 推导出字串 $w_i w_{i+1} \cdots w_j$ 的概率 $\alpha_{ij}(A)$。语句 $W = w_1 w_2 \cdots w_n$ 的概率即为 $\alpha_{1n}(S)$（S 为文法 G 的初始非终结符）。

定义 8.4 向内变量 $\alpha_{ij}(A)$ 是由非终结符 A 推导出语句 W 中的子字串 $w_i w_{i+1} \cdots w_j$ 的概率：

$$\alpha_{ij}(A) = P(A \Rightarrow w_i w_{i+1} \cdots w_j) \tag{8.49}$$

计算 $\alpha_{ij}(A)$ 的动态规划所使用的递归公式如下：

$$\alpha_{ii}(A) = P(A \rightarrow w_i)$$

$$\alpha_{ij}(A) = \sum_{B,C} \sum_{i \le k \le j} P(A \rightarrow B\ C)\ \alpha_{ik}(B)\ \alpha_{(k+1)j}(C) \tag{8.50}$$

公式（8.50）所表达的关系可由图 8.4 来描述。当 $i = j$ 时，也就是说字串 $w_i w_{i+1} \cdots w_j$ 只有一个字 w_i 时，由非终结符 A 推导出 w_i 的概率就是产生式 $A \rightarrow w_i$ 的概率 $P(A \rightarrow w_i)$。当 $i \ne j$ 时，也就是字串至少有两个字时，由乔姆斯基规范的假定，A 欲推导出该字串，必须首先运用产生式 $A \rightarrow B\ C$，并由 B 推导出 $w_i w_{i+1} \cdots w_j$ 的前半部 $w_i w_{i+1} \cdots w_k$，由 C 推导出其后半部 $w_{k+1} \cdots w_j$，即

$$A \rightarrow B\ C \rightarrow w_i \cdots w_k w_{k+1} \cdots w_j$$

在某一特定的 B, C 及 $w_iw_{i+1}\cdots w_j$ 的前后两部分的分界 k 的情况下，由以上的推导过程产生 $w_iw_{i+1}\cdots w_j$ 的概率为 $P\,(A{\rightarrow}B\,C)\,\alpha_{ik}\,(B)$ $\alpha_{(k+1)j}\,(C)$。由于这里 B, C 及 k 的任意性，由 A 推导出 $w_iw_{i+1}\cdots w_j$ 的概率就是在所有可能的 B, C 及 k 的情况下 $P\,(A{\rightarrow}B\,C)\,\alpha_{ik}\,(B)\,\alpha_{(k+1)j}$ (C) 的总和。

在公式（8.50）的基础上，我们给出如下算法：

算法 8.5 向内算法：

输入：概率上下文无关文法 $G=(S,\ N,\ T,\ P)$，语句 $W=w_1w_2\cdots w_n$

输出：$\alpha_{ij}\,(A)$，$A\in N$，$1\leq i\leq j\leq n$。

1. 初始化：$\alpha_{ii}\,(A)=P\,(A{\rightarrow}w_i)$，$A\in N$，$1\leq i\leq n$。

2. 归纳计算：j 从 1 到 n，i 从 1 到 $n-j$，重复下列计算：

$$\alpha_{i(i+j)}\,(A)=\sum_{B,CC\in N}\ \sum_{i\leq k\leq i+j}P\,(A{\rightarrow}B\,C)\,\alpha_{ik}\,(B)\,\alpha_{(k+1)(i+j)}\,(C)$$

3. 终结：$P\,(S{\rightarrow}w_1w_2\cdots w_n)=\alpha_{1n}\,(S)$

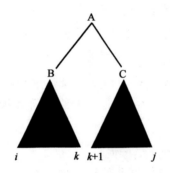

图 8.4　$\alpha_{ij}\,(A)$

二　韦特比算法

韦特比算法用于解决概率上下文无关文法的第二个问题，即给定语法 $G=(S,\ N,\ T,\ P)$ 和语句 $W=w_1w_2\cdots w_n$，如何求得可能性最大的 W 的语法分析。为此，定义韦特比定量 $\gamma_{ij}\,(A)$ 为由非终结符 A 经由某一推导而产生 w_i, $\cdots$, w_j 的最大概率。韦特比变量 $\gamma_{ij}\,(A)$ 和向内变量 $\alpha_{ij}\,(A)$ 的区别在于，前者是由 A 产生 w_i, $\cdots$, w_j 的所有推导的最大概率，而后者是由 A 产生 w_i, $\cdots$, w_j 的所有推导的概率的总和。

韦特比算法和向内算法相似，运用动态规划来计算 $\gamma_{ij}(A)$。所不同的是，向内算法中的求和运算被求最大值运算替代，并且韦特比算法需要运用变量 $\Psi_{i,j}$ 来记忆子字串 w_i，…，w_j 的韦特比语法分析。

算法 8.6 韦特比算法

输入：概率上下文无关文法 $G=(S,N,T,P)$，语句 $W=w_1w_2\cdots w_n$

输出：$\gamma_{ij}(A)$，$A\in N$，$1\le i\le j\le n$。

1. 初始化：$\gamma_{ij}(A)=P(A\to w_i)$，$A\in N$，$1\le i\le n$。

2. 归纳计算：j 从 1 到 n，i 从 1 到 $n-j$，重复下列计算：

$$\gamma_{i(i+j)}(A)=\max_{B,C\in N;i\le k\le i+j}P(A\to BC)\,\gamma_{ik}(B)\,\gamma_{(k+1)(i+j)}(C)$$

$$\Psi_{i(i+j)}(A)=\arg\max_{B,C\in N;i\le k\le i+j}P(A\to BC)\,\gamma_{ik}(B)\,\gamma_{(k+1)(i+j)}(C)$$

3. 终结：$P(S\to w_1w_2\cdots w_n)=\gamma_{1n}(S)$

由 $\Psi_{i,i+j}(A)$ 所存储的信息，我们可以递归地建立 $A\to w_i$，…，w_{i+j} 的韦特比语法分析。

三　向内向外算法

向内向外算法用于解决概率上下文无关文法的参数估计问题。如果我们已经知道用于学习的训练数据中语句的语法结构，我们可以记录每一个语法规则的使用次数，从而可以运用最大似然估计来估计概率上下文无关文法的参数。困难在于，数据中语句的语法结构通常是隐蔽未知的。我们需要大量的人力和专家知识来标明语料库中所有语句的结构。和隐马尔柯夫模型的情形相似，解决这个问题的方法是 EM 算法。向内向外算法是 EM 算法运用于概率上下文无关文法的参数估计的具体算法。

为介绍向内向外算法，我们首先定义向外变量：

定义 8.5 向外变量 $\beta_{ij}(A)$ 是由初始非终结符 S 推导出语句 $W=w_1\cdots w_n$ 的过程中，到达扩展符号串 $w_1w_{i-1}Aw_{j+1}\cdots w_n$ 的概率：

$$\beta_{ij}(A)=P(S\to w_1\cdots w_{i-1}Aw_{j+1}\cdots w_n) \tag{8.51}$$

$\beta_{ij}(A)$ 可由动态规划计算。动态规划所使用的递归公式如下：

$$\beta_{1n}(A)=\delta(A,S)$$

$$\beta_{ij}(A)=\sum_{B,C}\sum_{k>j}P(B\to AC)\,\alpha_{j+1,k}(C)\,\beta_{ik}(B)+\sum_{B,C}\sum_{k<i}P(B\to CA)\,\alpha_{k,i-1}(C)\,\beta_{kj}(B) \tag{8.52}$$

　　公式（8.52）所表达的关系可由图 8.5 来描述。当 $i=1$，$j=n$ 时，也就是说字串 $w_i w_{i+1} \cdots w_j$ 是整个语句 W 时，由乔姆斯基规范形式的假定，我们知道语法中没有形如 $S \rightarrow A$ 的产生式。因此在由初始非终结符 S 推导出 W 的过程中，由非终结符 A（$A \neq S$）推导出 W 的概率（向外变量 $\beta_{1n}(A)$）为 0。当 $A=S$ 时，$\beta_{1n}(A)$ 为"在由初始非终结符 S 推导出 W 的过程 $S \Rightarrow W$ 中，由非终结符 S 推导出 W 的概率"。显然该概率为 1。

　　当 $i \neq 1$ 或 $j \neq n$ 时，如果在由初始非终结符 S 推导出 W 的过程中出现了字串 $w_1 \cdots w_k A w_{j+1} \cdots w_n$，由乔姆斯基规范的假定，在此推导过程中，必定运用了形如 $B \rightarrow A\ C$ 或 $B \rightarrow C\ A$ 的产生式。假定运用了产生式 $B \rightarrow A$ C 推导出 $w_i \cdots w_j w_{j+1} \cdots w_k$，则该推导过程可分解为：

　　1. 由初始非终结符 S 推导出 W 的过程中，推导出 w_1，$\cdots$，w_{i-1} $B w_{k+1}$，$\cdots$，w_n（其概率为 $\beta_{ik}(B)$）；

　　2. 运用产生式 $B \rightarrow A\ C$ 扩展非终结符 B（其概率为 $P(B \rightarrow A\ C)$）；

　　3. 由非终结符 C 推导出 $w_{j+1} \cdots w_k$。（其概率为 $\alpha_{j+1,k}(C)$）

　　由于 B，C 和 k 的任意性，在计算 $\beta_{ij}(A)$ 时，必须考虑所有可能的 B，C 和 k。同时还必须考虑相似的由产生式 $B \rightarrow C\ A$ 导出 A 的情况。

　　在公式（8.52）的基础上，我们给出如下算法：

算法 8.7 向外算法：

输入：概率上下文无关文法 $G = (S, N, T, P)$，语句 $W = w_1 w_2 \cdots w_n$

输出：$\beta_{ij}(A)$，$A \in N$，$1 \leq i \leq j \leq n$。

1. 初始化：$\beta_{1n}(A) = \delta(A, S)$，$A \in N$。

2. 归纳计算：j 从 $n-1$ 到 0，i 从 1 到 $n-j$，重复下列计算：

$$\beta_{i(i+j)}(A) = \sum_{B,C \in N} \sum_{i+j<k\leq n} P(B \rightarrow A\ C)\ \alpha_{i+j+1,k}(C)\ \beta_{ik}(B)$$
$$\sum_{B,C} \sum_{1 \leq k<i} P(B \rightarrow C\ A)\ \alpha_{k,i-1}(C)\ \beta_{k(i+j)}(B)$$

给定了向内算法和向外算法，我们现在讨论如何运用向内向外算法来估计概率上下文无关文法的参数。其基本思想是，初始时随机地给这些参数赋值，得到语法 G_0。从 G_0 和训练数据，我们可以得到隐变量（语法规则的使用次数）的期望值。以期望次数运用于最大似然估计，我们便可得到语法参数的新的估计，由此得到新的语法 G_1。从 G_1，我们又可得到语法规则的使用次数的期望值，由此又可重新估计语法参数。循环以上的过程，语法参数将收敛于最大似然估计值。

给定概率上下文无关文法 G 和训练数据 $W = w_1 w_2 \cdots w_n$，语法规则 $A \to B\ C$ 的使用次数的期望值为：

$$C\ (A \to B\ C) \tag{8.53}$$

$$= \sum_{1 \leq i \leq k \leq j \leq n} P\ (A_{ij},\ B_{ik},\ C_{k+1,j} \mid w_1 \cdots w_n,\ G)$$

$$= \frac{1}{P\ (w_1 \cdots w_n \mid G)} \sum_{1 \leq i \leq k \leq j \leq n} P\ (A_{ij},\ B_{ik},\ C_{k+1,j},\ w_1 \cdots w_n,\ \mid G)$$

$$= \frac{1}{P\ (w_1 \cdots w_n \mid G)} \sum_{1 \leq i \leq k \leq j \leq n} \beta_{ij}\ (A)\ P\ (A \to B\ C)\ \alpha_{ik}\ (B)\ \alpha_{k+1,j}\ (C)$$

公式 (8.53) 所表达的关系可由图 8.6 来描述。给定了语句 $w_1 \cdots w_n$，概率上下文无关文法 G 中产生式 $A \to B\ C$ 被用于产生 $w_1 \cdots w_n$ 的使用次数的期望值为在所有可能的 $1 \leq i \leq k \leq j \leq n$ 的情况下，$w_1 \cdots w_n$ 的语法分析结构中 w_i，$\cdots$，w_k 由非终结符 B 导出，w_{k+1}，$\cdots$，w_j 由非终结符 C 导出，w_i，$\cdots$，w_j 由非终结符 A 导出的概率的总和。公式 (8.53) 中的第二个等式由条件概率的定义推得，第三个等式根据向内变量和向外变量来计算由 G 产生语句 $w_1 \cdots w_n$，且满足图 8.6 所描述的关系的概率。

公式 (8.53) 中，概率 $P\ (w_1 \cdots w_n \mid G)$ 可由向内算法获得。

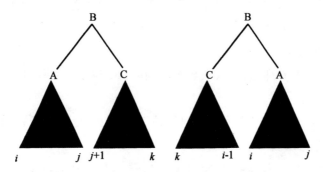

图 8.5　$\beta_{ij}\ (A)$

类似地，我们可以得到 G 中语法规则 $A \to a$ 的使用次数的期望值：

$$C\ (A \to a) = \sum_{1 \leq i \leq n} P\ (A_{ii} \mid w_1 \cdots w_n,\ G)$$

$$= \frac{1}{P\ (w_1 \cdots w_n \mid G)} \sum_{1 \leq i \leq n} P\ (A_{ii},\ w_1 \cdots w_n,\ \mid G)$$

$$= \frac{1}{P\ (w_1 \cdots w_n \mid G)} \sum_{1 \leq i \leq n} \beta_{ii}\ (A)\ P\ (A \to a)\ \delta\ (a,\ w_i) \tag{8.54}$$

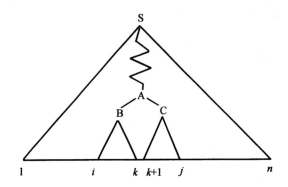

图 8.6　语法规则 $A \rightarrow B\ C$ 的使用

由此，G 的参数可由下面的公式重新估计：

$$\overline{P}\ (A \rightarrow \mu)\ = \frac{C\ (A \rightarrow \mu)}{\sum_{\mu} C\ (A \rightarrow \mu)} \qquad (8.55)$$

这里，μ 为一终结符或为由两个非终结符组成的符号串，也就是说，$A \rightarrow \mu$ 为乔姆斯基范式语法中以 A 为左端符（LHS, left hand side）的产生式。

算法 8.8 向内向外算法

1. 初始化：随机地给 $P\ (A \rightarrow \mu)$ 赋值，使得 $\sum_{\mu} C\ (A \rightarrow \mu)\ = 1$。由此得到语法 G_0. $i \leftarrow 0$。

2. EM 步骤：

E-步骤：由 G_i 根据公式（8.53）和（8.54），计算期望值 $C\ (A \rightarrow B\ C)$ 和 $C\ (A \rightarrow a)$。

M-步骤：用 E-步骤所得的期望值，根据公式（8.55）重新估计 $P\ (A \rightarrow \mu)$，得到语法 G_{i+1}。

3. 循环计算：$i \leftarrow i + 1$；重复 EM-步骤，直至 $P\ (A \rightarrow \mu)$ 值收敛。

第九章　语言学习

第一节　词分类

词分类是按照一定的语法或语义属性，将词汇集划分成若干等价类，使语法或语义属性相近的词属于同一个等价类。

词分类是在语言学习中从特殊到一般的通用化（generalization）的常用方法。例如，假定一个语法规则学习程序从语料库中学得如下规则：

TimeExp→on Monday morning 并且有词分类 Weekday = ｛Sunday，Monday，Tuesday，Wednesday，Thursday，Friday，Saturday｝和 time-of-day = ｛morning，afternoon，evening｝。以 Monday 和 morning 所在的分类（cluster）代替前例中的特殊规则，我们可得到如下通用规则：

TimeExp→on Weekday time-of-day

从此通用规则，我们可产生如下所示的新的 TimeExp（时间表达式），尽管语法规则学习程序可能从未见过这些表达式。

on Tuesday evening

on Friday afternoon

…

词分类的一个直接的应用是语言模型。在第 8 章，我们提到解决语言模型中数据匮乏问题的方法就是将语句的历史划分成若干等价类。词分类提供了一种划分等价类的方法。假定一个函数 π 将有 V 个词的词汇集划分成 C 个等价类：π 将词 w_i 映射到其所属的等价类 c_i。如果一个语言模型中，$P(w_k | w_1^{k-1}) = P(w_k | c_k) P(c_k | c_1^{k-1})$，我们称之为基于词分类（class-based）的语言模型。在基于词分类的 ngram 中，共有 $C^n - 1 + V - C$ 个独立参数：$V - C$ 个形如 $P(w_i | c_i)$ 的独立参数（共有 V 个形如 $P(w_i | c_i)$ 的参数）。由于给定等价类 c_i，该等价类中所有词

w 的条件概率 $P（w \mid c_i）$的和为 1，故对每一个等价类，有一个参数 P $（w \mid c_i）$ 为非独立参数；加上 C^{n-1} 个形如 $P（c_n \mid c_1^{n-1}）$ 的独立参数。考虑到一般的 ngram 有 $V^n - 1$ 个独立参数，我们可以看到，除了 $C = V$ 或 $n = 1$ 的特殊情况，基于词分类的 ngram 的独立参数少于一般的 ngram 的独立参数。

问题是，如何将词汇集划分成等价类？人工分类既费时又不能保证分类结果使得语言模型的性能最佳（困惑度最小）。我们希望有一个自动进行词分类的算法。

给定一个长度为 T 的训练数据 $t_1^T = t_1 t_2 \cdots t_T$。设

$$L（\pi） = （T-1）^{-1} \log P（t_2^T \mid t_1）$$

$L（\pi）$ 为在给定词分类 π 的情况下，训练数据 t_1^T 的对数可能性（LOG-likelihood）。我们的目的是要发现一个 π，使 $L（\pi）$ 最大。由于

$$L（\pi） = \sum_{w_1,w_2} \frac{C（w_1 w_2）}{T-1} \log P（c_2 \mid c_1） P（w_2 \mid c_2）$$

$$= \sum_{c_1,c_2} \frac{C（c_1 c_2）}{T-1} \log \frac{P（c_2 \mid c_1）}{P（c_2）} + \sum_{w_2} \frac{\sum_w C（w w_2）}{T-1}$$

$$\log P（w_2 \mid c_2） P（c_2）$$

$$\approx \sum_{c_1,c_2} P（c_1 c_2） \log \frac{P（c_2 \mid c_1）}{P（c_2）} + \sum_w P（w） \log P（w）$$

$$= I（c_1, c_2） - H（w） \tag{9.1}$$

该公式的第一个等式是套用基于词分类的 bigram，并合并同类项。第二个等式将只和等价类 c_i 有关的项从和词 w 有关的项中分离出来。第三个等式是由大数定理，随着 T 的增加，$\dfrac{C（c_1 c_2）}{T-1}$ 趋于 $P（c_1 c_2）$，

$\dfrac{\sum_w C（w w_2）}{T-1}$ 趋于 $\dfrac{C（w_2）}{T-1}$ 并进一步趋于 $P（w_2）$。

公式 9.1 告诉我们，给定词分类 π，训练数据 t_1^T 的对数可能性是训练数据的熵的负数加上 t_1^T 中相邻等价类之间的平均互信息。由于训练数据的熵和词分类无关，因而，如果一个词分类使 t_1^T 中相邻等价类之间的平均互信息最大，该分类亦使得 $L（\pi）$ 最大。

由此，我们可以得到词分类的算法。其基本思想是，初始时每一个

词构成一个等价类，然后重复地合并等价类。每一步合并应使得训练数据中的相邻等价类的平均互信息的减少最小。

算法 9.1 互信息词分类算法

输入：大小为 V 的词汇集，训练数据 t_1^T，等价类数目 C

输出：覆盖词汇集的 C 个等价类

1. 分别赋予词汇集中的词 v_1，v_2，$\cdots$，v_V 单独的等价类

2. 重复下列步骤 $V-C$ 次

A. 对任意两个等价类 c_i 和 c_j，计算 $L(c_i, c_j)$ ——合并 c_i 和 c_j 后，训练数据中的相邻等价类间的平均互信息减少量。

B. 设 $(l, m) = \underset{(i,j)}{\arg\min} L(c_i, c_j)$。合并 c_l 和 c_m。

初看起来，如果我们要将 V 个词分类到 C 个等价类中，该算法的时间复杂性为 $O(V^5)$：在第 i 步合并时，我们必须考虑 $(V-i)^2/2$ 个可能的合并。对每一个可能的合并，我们要计算合并后的平均互信息，其中包含了 $(V-i)^2$ 项，每项均有对数运算。而要将词汇集分为 C 个等价类，必须经过 $V-C$ 次合并。

所幸的是，对大多数等价类 c_i 和 c_j，如果以 $L_k(c_i, c_j)$ 表示在第 k 步合并 c_i 和 c_j 后的相邻等价类之间的平均互信息的减少量，而第 k 步实际合并了等价类 c_l 和 c_m，则 $L_{k+1}(c_i, c_j)$ 可在 $L_k(c_i, c_j)$ 的基础上有效的求得。基于这个观察，布朗（P. Brown）等人在文〔16〕应用了巧妙的簿记方法，使词分类算法时间复杂性降为 $O(V^3)$。有兴趣的读者可参考此文。

由于互信息词分类算法对词进行分类只依据词的局部上下文（bigram），造成了的结果1常常受到某个特定语言的特定用法的影响。例如在英语中，由于词 fact 和月份名称 January，Feburary，$\cdots$，December 均常出现在介词 in 的后面，互信息词分类算法常常把 fact 和月份名称划归一类。文〔105〕介绍了互信息词分类算法的拓广。在互信息词分类算法的基础上，结合统计学机器翻译中的对位模型，新的词分类算法从平行双语语料库中学习获得词分类。由于多种语言的限制，由单一语言的特定用法而造成的分类错误得到了很大的改善。

第二节　词法学习

在本节中，我们介绍计算机如何通过学习而自动获得动词的词法特性。这里，"动词的词法特性"包括语法框架（SUBCATEGORIZATION FRAME 或者 SYNTACTIC FRAME）和词汇选择（LEXICAL SELECTION）。

一　语法框架

在英语中，不同的动词可带的主目语（ARGUMENTS）的语法属性各不相同。例如，动词 want 后面可跟一个不定式短语，而 hope 则必须携带一个从句：

例 9.1 动词的语法框架

（a）*John wants Mary to be happy.*

（b）*John hopes that Mary is happy.*

（c）＊ *John wants that Mary is happy.*

（d）＊ *John hopes Mary to be happy.*

尽管例中四句话的语义相近，只有（a）和（b）合乎英语语法。我们说，动词 *want* 的语法框架是 V NP INF（动词＋名词短语＋不定式短语），而 *hope* 的语法框架是 V CL（动词＋从句）。

语法框架在计算语言学中是很重要的概念。在进行语法分析时，它使计算机能够识别出哪些语句合乎语法，哪些语句是有语法错误的。同样，在机器翻译文本生成时，计算机必须知道动词的语法框架才能够产生合乎语法的语句。通常，语法框架是由自然语言处理系统的设计者事先人工编撰好的。这需要大量的精力和专家知识。而且，设计者是不可能穷尽所有的动词及其语法框架的。计算机一旦遇到新的词汇或新的语法框架，就不能采取合适的处理。

语法框架的自动学习是解决这个问题的一个方法。布兰特（M. Brent）在文献〔11〕中描述了基于语料库的学习系统 LERNER，它能够自动获取动词的语法框架。我们在这里予以扼要的介绍。

语法框架的自动学习主要有两个步骤。第一，语料库中相关数据的采集。第二，对相关数据建立统计模型。

相关数据的采集

如果语料库中已经标识好动词及其主目语（如 TreeBank），我们可以直接利用这些数据来训练计算机学习动词的语法框架。然而，像 Tree-Bank 一样的语料库很昂贵而且很难获得。它需要大量的人力来标识语句的语法结构。通常的语料库没有标识或只标识了很简单的结构。因此，语法框架学习的第一步就是从语料库中识别出动词及其主目语。

表 9.1　　　识别语法框架的"线索"中所使用的语法成分的定义

SUBJ:	I｜he｜she｜we｜they
OBJ:	me｜him｜us｜them
SUBJ-OBJ:	you｜it｜yours｜hers｜ours｜theirs
DET:	a｜an｜the｜her｜his｜is｜my
	｜our｜their｜your｜this｜that｜whose
+ TNS	has｜have｜hsa｜am｜is
	｜are｜was｜were｜do
	does｜did｜can｜could｜may｜might｜must｜will｜would
CC:	when｜before｜afte｜as｜while｜if
PUNC:	.｜?｜,｜;｜:

表 9.2　　　识别语法框架的"线索"。"cap"代表大写的单词，

"cap +"代表大写的单词序列

框架	符号	线索
名词短语	NP	（OBJ｜SUBF-OBJ｜cap）（PUNC｜CC）
从句	cl	that（DET｜SUBJ｜SUBJ-OBJ｜cap +））｜
		SUBJ｜
		（SUBJ-OBJ + TNS）
动词不定式	inf	TO v
名词短语 + 从句	NPcl	（OBJ｜SUBJ-obj｜cap +）cl
名词短语 + 不定式	NPinf	（OBJ｜SUBJ-obj｜cap +）inf
名词短语 + 中词短语	NPNP	（OBJ｜SUBJ-obj｜cap +）NP

动词的识别

LERNER 识别动词方法主要基于如下事实：英语中动词可以以加 -ing 和不加 -ing 的形式出现。如果一个词及其加上 -ing 的形式均在语料库中出现，LERNER 把该词当做"可能的动词"。

语法框架的识别

LERNER 使用有限状态自动机来识别语法框架。表 9.2 给出了用于识别六种语法框架的正则表达式。表 9.1 给出了这些正则表达式中的非终结符的定义。对应于一个语法框架的正则表达式称为该语法框架的"线索"。

语法框架的"线索"能够有效地识别出动词的主目语。但是这些线索很简单，它们可能把不是动词主目语的字符串误作主目语。例 9.2 的句子中，尽管 *he stood under a gentle hill* 是主句而非动词 touch 的宾语从句，但由于 him he 匹配了正则表达式（OBJ | SUBJ-OBJ | cap +）cl，（请注意 cl 可由单一的 SUBJ "he" 来匹配）而该正则表达式正是语法框架 NPcl 的线索。因此，计算机会误以为 *touch* 的语法框架是 NPcl，也就是说，*touch* 可带一个名词短语宾语和一个宾语从句。

例 9.2 *With the bule flesh of night touching him he stood under a gentle hill…*

一旦这种情况出现，由于缺乏反面证据（NEGATIVE EVIDENCE），我们很难将这种错误的结论排除掉。所幸的是，像例 9.2 的情况很少发生。我们可以根据其发生概率很小的事实来排除掉由其得出的语法框架。这就需要引进下面的统计模型。

统计模型

在统计模型中，我们可将由"线索"产生错误的语法框架的过程看成是一个随机过程的一部分。对每一个动词 v，由随机过程以某种概率分布产生跟随其后的语法框架。而由于干扰的原因，在该概率分布中，产生对 v 而言不合法的语法框架 S 的概率不为零。直觉上讲，由于缺乏反面证据，一旦产生了不合法的语法框架，我们不能直接将它排除。但我们可以将在 v 后面没有跟随着 S 的事件作为排除 S 是 v 的语法框架的零星证据而积累起来，运用统计学的方法最终将它排除掉。

对一特定的语法框架 S，设 π_- 表示 S 出现在某一动词 v 后，而 S 又

不是 v 的语法框架的概率。这里我们假定了这个概率对所有的 v 是相同的（但对不同的 S 可能是不相同的）。则在 n 次试验中，事件"S 出现在 v 之后"发生 m 次的概率可由二项分布给出：

$$p\ (m;\ n,\ \pi_{-s})\ =\ \frac{n!}{m!\ (n-m)!}\pi_{-s}{}^m\ (1-\pi_{-s})^{(n-m)} \tag{9.2}$$

而事件"S 出现在 v 之后"发生多于 m 次的概率为

$$p\ (m+;\ n,\ \pi_{-s})\ =\ \sum_{i=m}^{n} p\ (m;\ n,\ \pi_{-s}) \tag{9.3}$$

如果在实际的语料库中，v 出现了 n 次，其中有 m 次后面跟随着语法框架 S，并且 $p\ (m+;\ n,\ \pi_{-s})$ 相当小（通常以 0.05 作为阈值），则我们可以认为 S 是由概率 π_{-s} 产生的可能性极小，因而可以排除 S 不是真正的 v 的语法框架，而是由干扰产生的可能性。

这里，我们用到了概率 π_{-s}。如何估计该参数的值，超出了本书讨论的范围。有兴趣的读者可参考文〔11〕。

应当说明，以上所述的方法有一个限制：π_{-s} 必须小于任何一个合法的语法框架出现在动词后的概率。否则，这种方法不能决定合法的语法框架是否是由干扰产生的。

二 词汇选择（Lexical Selection）

语言中的词汇选择关系有如下例所示：

例 9.3 词汇选择

1. *He drinks beer.* （他喝啤酒。）

2. * *He drinks beef.* （*他喝牛肉。）

该例中动词 drink 对其能携带的宾语作出选择。如何自动地获得这种词汇选择关系，是语言学习的一个重要课题。

文〔46〕运用"共现计分"（co-coourrence score）来估计动词和可能作其宾语的名词之间的关联（association）程度。所谓共现计分实际上是对动词及其宾语之间的互信息的估计：

$$CS\ (v,\ n)\ =I\ (v,\ n)\ =log\ \frac{P\ (n\ 是\ v\ 的宾语)}{P\ (n)\ P\ (v)} \tag{9.4}$$

其中 $P\ (n\ 是\ v\ 的宾语)$，$P\ (n)$ 和 $P\ (v)$ 可由最大似然估计求得。我们知道互信息用于表示两个随机变量之间的相关性。因此，如果一动词和名词之间的互信息超过一阈值（threshold），我们便可建立该动词对名词的选择。文〔46〕运用一语法分析器从语料库中得到"动词/名词宾语"事件的样本，由此估计公式 9.4 中的概率，从而求得一个动词与各名词的共现计分。表 9.3 列出了用此方法发现的动词/名词宾语对：

表 9.3　　　　　具有高共现计分的动词（drink）/名词对

共现计分	动　　词	名词宾语
11.75	drink	tea
11.75	drink	Pepsi
11.75	drink	champagne
10.53	drink	liquid
10.20	drink	beer
9.34	drink	wine

然而，这种方法只发现了词/词之间的选择关系。通常一动词选择一类名词，如 drink 选择"饮料"类的名词集。我们希望能够自动发现这种词/词集之间的选择关系。

假定一语言的动词集为 $V = \{v_1, \cdots, v_l\}$，名词集为 $N = \{n_1, \cdots, n_m\}$。设 C 为 N 的幂集，即 $C = \{c \mid c \subset N\}$。我们的任务即为发现 $V \times C$ 中的元素 (v, c)，使得 v, c 之间有紧密的关联—v 选择 c 中的词作为宾语。

文〔84〕为此定义了动词 v 和名词集 c 之间的关联计分（association score）：

$$A(v, c) = P(c \mid v) I(v, c) = P(c \mid v) \log \frac{P(v, c)}{P(v) P(c)}$$

$$(9.5)$$

其中 v 和 c 的联合概率分布由最大似然估计求得：

$$P(v, c) \approx \frac{\sum_{n \in c} C(n \text{ 为 } v \text{ 的宾语})}{\sum_{v' \in V} \sum_{n' \in N} C(n' \text{ 为 } v' \text{ 的宾语})} \quad (9.6)$$

然而，仅仅定义了关联计分是不够的。我们不能像文〔46〕中那样，对每一个动词 v 穷尽所有的 n 以发现使 $CS(v, n)$ 较高的 n 作为 v

所选择的宾语。由于我们有 $2^{|N|}$ 个可能的名词集 c，穷尽所有的名词集来搜索 v 所选择的宾语集是不现实的。

莱斯尼克（Resnik）在文〔84〕解决这个问题的方法是运用 WordNet 所提供的名词集。WordNet〔70〕是美国普林斯顿大学的学者按心理语言学的原则所建立的词汇/概念数据库，其中词按其意义被划分进不同的等价类（class），每一个等价类表达一个概念。（如 beer 和 wine 均在表达概念 intoxicant 的类中。）而不同的类又进一步被划分进表达更高一级概念的等价类中。这样就形成了有层次的词汇的分类。

文〔84〕从一个动词 v 在语料库中所实际携带的宾语出发，搜索 WordNet 中包含这个名词的各个层次的名词等价类 c，以发现使 A（v，c）较高的 c 作为 v 所选择的宾语集。这样，搜索空间便成为 WordNet 中的名词分类的子空间，而非 $2^{|N|}$ 个名词集。

表 9.4　　　　　　　　　　　具有高关联计分的动词/名词集对

A（v，c）	动词	WordNet 名词集
1.94	ask	< question 〔question, …〕 >
0.16	call	< someone 〔person, …〕 >
2.93	climb	< stair 〔step, …〕 >
3.58	drink	< beverage 〔beverage, …〕 >
1.76	eat	< nutrient, 〔food, …〕 >
1.18	read	< written-material, 〔writing, …〕 >
2.69	sing	< music, 〔music, …〕 >

表 9.4 列出了用此方法发现的动词/WordNet 名词集对。

第三节　语法学习

在第 8 章中，我们介绍了如何自动估计隐马尔柯夫模型（HMM）和统计上下文无关文法（SCFG）中的参数。这是一种机器学习。然而，在那里我们假定 HMM 的结构和 PCFG 的语法规则是已知的。这就大大局限了这种机器学习的可使用性。本节将介绍通过机器学习获取 HMM 的拓扑结构和 PCFG 的语法规则的方法。

　　语法学习的任务可作如下的形式化表述：给定样本（S^+，S^-），我们要寻找语法 G，使得 G 所产生的语言 L（G）满足：

$S^+ \subseteq L$（G）

$S^- \cap L$（G）$= \emptyset$ 　　　　　　　　　　　　　　　（9.7）

　　也就是说，G 可以产生所有的 S^+ 的语句，而不能产生 S^- 中的任一语句。S^+ 称为语法学习的正面证据（Positive Evidence），S^- 称为语法学习的反面证据（Negative Evidence）。

　　这里，我们首先介绍有限状态自动机的机器学习。由此引发出语法推导中的理论问题：反面证据的缺乏和通用化过度（Overgeneralization）。缓解这个问题的方法是对所学习的语法加以限制。贝叶斯语法推导就是这种方法的一个具体实现。

一　有限状态自动机的机器学习

　　第 3 章中我们提到，有限状态自动机有两种特殊形式：转录机和接收机。我们这里将要讨论的有限状态自动机的机器学习，是指接收机的机器学习。为简略计，我们使用有限状态自动机来指代接收机。事实上，许多文献中的"有限状态自动机"都是指有限状态接收机。

　　有限状态自动机的机器学习通常由以下两个步骤组成：

　　1. 建立恰好产生正面证据 S^+ 的规范形式（canonical definite）自动机。

　　2. 合并规范形式自动机中的状态，使之通用化。通用化的自动机必须排除反面证据 S^- 中的样本。

　　前缀树识别器（Prefix Tree Acceptor，PTA）是一种规范形式有限状态自动机。给定正面证据 S^+，其相应的前缀树识别器是一有限状态自动机 PT（S^+）$=$（Q，Σ，δ，I，F），其中 Q 是 S^+ 中字符串的所有前缀的集合，Σ 是组成 S^+ 中字符串的字符集，$I = \varepsilon$（空串），$F = S^+$，δ（q，a）$= qa$，当且仅当 qa 是 S^+ 中某一字符串的前缀。图 9.1（见下页）给出了 $S^+ = aaba$，ab，baa，bbb 的前缀树识别器。其中，$\Sigma = \{a, b\}$，状态集 Q 为 S^+ 中字符串的前缀集：

　　$\{a, aa, aab, aaba, ab, b, ba, baa, bb, bbb\}$

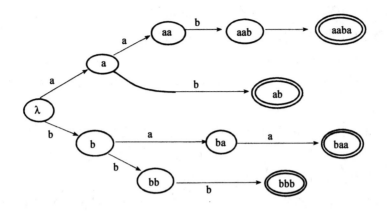

图 9.1　aaba、ab、baa、bbb 的前缀树识别器

前缀树识别器只能识别（或产生）正面证据 S^+ 中的字符串。通常这没有解决语言学习的问题。我们的目的是通过学习获得通用化了的语法（有限状态自动机），该语法不仅能够识别 S^+ 中的字符串，还要能够识别要学习的产生 S^+ 的语言所能产生的，但 S^+ 中没有出现过的字符串。

通用化一个有限状态自动机的方法是合并其状态。合并了一个有限状态自动机中某些状态而得到的新的有限状态自动机称为自动机的导出（Automaton Derivatives）。设有限状态自动机 $A = （Q，\Sigma，\delta，I，F）$，$\pi = \{B_1，B_2，\cdots，B_n\}$ 是其状态集的一个划分（partition）。对应于 π 的 A 的导出是新的有限状态自动机 $A' = A/\pi = （Q'，\Sigma'，\delta'，I'，F'）$，其中 $Q' = \pi$，$I' = \{B_i \in \pi \mid B_i \cap I \neq \emptyset\}$，$F' = \{B_i \in \pi \mid B_i \cap F \neq \emptyset\}$，$B_j \in \delta'（B_j，a）$ 当有 $q_i \in B_i$，$q_j \in B_j$，而且 $q_j \in \delta（q_i，a）$。图 9.2 给出了图 9.1 中的有限状态自动机的一个状态划分 π 及其相应的导出。

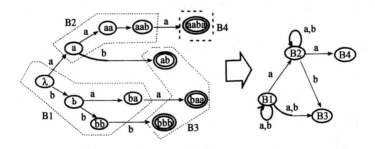

图 9.2　有限状态自动机的状态划分及导出

前缀树识别器及其导出满足下面的定理：

定理 9.1 前缀树识别器及其导出的属性：

1. $L(PT(S^+)) = S^+$。

2. 如果 $|\pi_1| < |\pi_2|$（划分 π_2 比 π_1 细致），则 $L(PT(S^+)/\pi_2) \subseteq L(PT(S^+)/\pi_1)$。

3. 如果语言 L 的前缀树识别器在识别 $S^+ \subseteq L$ 时使用了其所有的转移，我们称 S^+ 是语言 L 一个"结构完备"的样本。如果 S^+ 是 L 的结构完备的样本，则 $\exists \pi$：$L(S^+)/\pi = L$。

该定理的第一部分是不言自明的。第二部分说明，越细致的状态划分所对应的导出自动机越特殊（接受的语言集越小）。当状态划分细致到每一个状态是一个等价类时，导出自动机就是 $PT(S^+)$，因此只能接受 S^+。反之，越粗略的状态划分所对应的导出自动机越通用（接受的语言集越大）。当状态划分粗略到将所有的状态划进同一等价类时，导出自动机只有一个状态，它可以接受由 S^+ 的词汇集 Σ 中的词所构成的所有字符串。从这里，我们可以推出 $PT(S^+)$ 的所有导出 $PT(S^+)/\pi$ 均接受 S^+。定理的第三部分说明，只要正面证据 S^+ 足够多（多到产生 S^+ 的有限状态自动机包括了产生 L 所需的所有状态转移），则 $PT(S^+)$ 的导出中至少有一个恰好接受要学习的语言 L。

在众多的 $PT(S^+)$ 的导出中，如何找到一个恰好接受 L 的有限状态自动机？S^+ 在此不能起到任何作用：我们已经提到，$PT(S^+)$ 的所有导出 $PT(S^+)/\pi$ 均接受 S^+。然而，反面证据可被用于此目的：如果某一个导出能够产生（S^-）中的字符串，则其所产生的语言不可能是 L。因而我们可以排除这个导出自动机。

由此，我们得到如下算法：

算法 9.2 有限状态自动机学习

输入：训练样本 $S = (S^+, S^-)$。

输出：有限状态自动机集合 A：$S^+ \subseteq L(A)$，$S^- \cap L(A) = \emptyset$。

1. 构造 $PT(S^+)$。$Output \leftarrow \emptyset$。

2. 对所有可能的 $PT(S^+)$ 的状态划分 π：

（A）构造 $PT(S^+)/\pi$

（B）如果 $L(PT(S^+)/\pi) \cap S^- = \emptyset$，

$Output \leftarrow Output \cup PT\ (S^+)\ /\pi$

3. 输出 $Output$。

以上的算法，在理论和实际运用上均存在很多问题。理论上，反面证据的缺乏使得识别产生语言 L 的有限状态自动机几乎成为不可能。我们将在下节具体讨论这个问题。实际运用上，随着 S^+ 的增长，前缀树识别器中的状态不断增加，而可能的状态划分数目随着急剧增加：当状态数为 $k+1$ 时，可能的状态划分数 E_{k+1} 可由下式获得：

$$E_0 = 1, \qquad E_{k+1} = \sum_{j=0}^{k} \binom{k}{j} E_j。 \qquad\qquad (9.8)$$

在此情况下，构造每一个前缀树识别器的导出，并检查其是否接受 S^- 中的样本是不现实的。

解决这个问题的方法不外乎以下两种：

1. 采用其他的状态较少的规范形式自动机，而非前缀树识别器。

2. 限制可能的状态划分，从而限制了规范形式自动机的可能的导出。

文〔35〕中详细介绍了循着这两条思路的具体算法，有兴趣的读者可参考此文。值得提醒的是，采用这两种方法的任何一种，定理 9.1 均不再成立。因而，我们不能保证所要学习的有限状态自动机一定在规范形式自动机的导出中。

二　语法推导的理论问题

前一节中，我们提及了语法推导的理论问题。本节对此问题作进一步的讨论。

假定我们所要学习的语法是 G，其相应的语言为 $L\ (G)$。在我们学习过程中所假设的语法 H 及其相应的语言 $L\ (H)$ 和 $L\ (G)$ 的关系，不外乎图 9.3 中 $L\ (H_1)$，$L\ (H_2)$ 或 $L\ (H_3)$ 与 $L\ (G)$ 的三种关系中的一种。

图 9.3 中，黑点代表正面证据，白点代表反面证据。语法 $H1$ 所产生的语言 $L\ (H1)$ 是 $L\ (G)$ 的子集。在此情况下，我们称 $H1$ "通用化不足"（Undergeneralize）。语法 $H2$ 所产生的语言 $L\ (H2)$ 和 $L\ (G)$ 有一个共同的交集，但 $L\ (G)$ 中有 $H2$ 不能产生的字符串，$L\ (H2)$ 中亦有 G 不能产生的字符串。语法 $H3$ 所产生的语言包含了 $L\ (G)$（$L\ (G) \subset L\ (H3)$）。在此情况下，我们称 $H3$ "通用化过度"（Overgeneralize）。

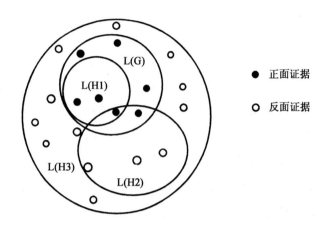

图 9.3   正面证据、反面证据，通用化过度、通用化不足

一般说来，通用化不足要比通用化过度容易修正。以 $H1$ 为例，一旦通到正面证据 $e \in L(G) - L(H1)$，语言学习的过程必须修改 $H1$，使 $L(H1)$ 包含 e。这样，$L(H1)$ 不断增大，越来越接近 $L(G)$。

如果反面证据和正面证据一样容易得到，则通用化过度也容易修正。以 $H3$ 为例，一旦遇到反面证据 $n \in L(H3) - L(G)$，语言学习的过程必须修改 $H3$，使 $L(H3)$ 排除 n。这样，$L(H3)$ 不断减小，越来越接近 $L(G)$。

然而，实际情况是，反面证据往往很难得到。这不仅仅是指计算机语言学习。心理语言学的研究表明，儿童在学习语言时几乎没有接触反面证据。而没有反面证据，一旦学习者所假设的语言通用化过度，语言学习的过程就不可能回复到所要学习的语言。古德（Gold）证明了下述定理〔40〕：

定理 9.2 在只有正面证据所得的情况下，任何一个超有限语言族（*Superfinite class of languages*）不能被极限标明（*Identified in the limit*）。

这里，极限标明是指当训练样本趋于无穷时，学习者的假设语言趋于实际所学语言。超有限语言族是指包含了所有的有限语言（finite languages）和至少一个无限语言（infinite languages）的语言族。如果我们指出所有的正则语言构成一超有限语言族，我们可以看到，离开了反面证据，如此简单的语言族也很难学习。

语言学习过程中反面证据的缺乏，困惑并吸引了很多的语言学家，心理语言学家和计算机科学家。对有关此问题的各种学说的讨论，超出了本书的范围。但我们要提及一个和我们解决实际语言学习问题相关的理论，这就是语言本身有许多限制，使语言学习者不能轻易地将语言通用化过度。乔姆斯基的 GB 理论就假定了一系列的（独立于单一语言的）语言规则是人生来俱有的，这些语言规则大大地限制了语言学习者所能假设的语言。

在实际的计算语言学语法推导过程中，通常以对假设的语言加以限制来缓解缺乏反面证据的困难。其中，基于贝叶斯推理的语法推导通过一个统计模型来限制学习过程中假设的语言。我们将在下一节中对此作介绍。

三 贝叶斯推理在语法推导中的应用

这里我们介绍贝叶斯推理在推导隐马尔柯夫模型中的应用〔96〕。相似的技术也可运用于上下文无关文法的推导，读者可参考文〔100，22〕。

贝叶斯模型合并

给定训练数据 $X = S^+$，前缀树识别器 M 使 $P(X \mid M)$ 最大。因此，它可被视为是由最大似然估计所得到的语言模型。这样的模型通常没有实用价值，由于没有通用化，它不能识别训练数据 X 以外的语句。而训练数据通常不可能包括所学语言的所有语句。虽然导出自动机是对前缀树识别器的通用化，由于通用化过程中对假设的语言没有限制，这就很容易造成通用化过度。

贝叶斯模型合并可视为是由最大后验估计来推导语法模型。它使得语法模型 M 的后验概率 $P(M \mid X)$ 最大。由贝叶斯法则，

$$P(M \mid X) = \frac{P(M) \ P(X \mid M)}{P(X)} \tag{9.9}$$

由于 X 是给定的，因此语法推导的任务也就成为搜索 M，使 $P(M)$ $P(X \mid M)$ 最大：

$$M = \underset{M}{argmax} P(M) \ P(X \mid M) \tag{9.10}$$

这里，除了最大似然估计所用的概率 $P(X \mid M)$ 外，语法模型的

先验概率 $P(M)$ 给出了不同的模型的可能性。因而它给通用化过程加以限制，引导其产生可能性较大的语法模型。

和前缀树识别器的通用化过程一样，贝叶斯模型合并也是通过合并有限状态自动机中的状态来实现模型的通用化。所不同的是，我们不是把状态集事先分成若干等价类，然后合并等价类中的所有状态。贝叶斯模型合并一步步的搜索状态集中的两个状态加以合并，使得 $P(M \mid X)$ 增大。这个状态合并步骤一直重复到 $P(M \mid X)$ 不再增加为止。

隐马尔柯夫模型的先验概率

公式（9.10）中 $P(X \mid M)$ 为给出了 M 的条件下，X 在该模型中的概率。这可以用向前算法求得；$P(M)$ 指出了不同的有限状态自动机的概率，使通用化过程倾向于产生可能性较大的语法模型。如何计算语法模型的先验概率 $P(M)$ 呢？这里我们介绍文〔96〕中所使用的语法模型的先验概率。

一个隐马尔柯夫模型可以分两个部分来描述：

1. 模型的拓扑结构。如模型的状态集，每一个状态到其他状态的转移，以及每一个状态的可能输出符号集。

2. 在给定模型的拓扑结构的条件下，模型的（连续）概率参数。

因此，模型 M 可以写作 $M = (M_S, \theta_M)$，其中 M_S 为 M 的结构部分，θ_M 为 M 的参数部分。M 的先验概率可以分解为

$$P(M) = P(M_S) P(\theta_M \mid M_S) \tag{9.11}$$

而对模型的拓扑结构的描述，又可以分为对其整体结构 M_G 的描述（如模型中的状态数），以及在给定整体结构 M_G 的描述的条件下，对模型中每个状态的描述（如从一个状态有多少个转移，多少个输出；转移到哪些状态，输出些什么符号）。我们将对状态 q 的结构描述记为 $M_S^{(q)}$。则 $P(M)$ 可进一步分解为

$$P(M) = P(M_G) \prod_{q \in Q} P(M_S^{(q)} \mid M_G) P(\theta_M^{(q)} \mid M_G, M_S^{(q)})$$

$$\tag{9.12}$$

以下我们将逐一介绍斯道基（A. Stolcke）和欧姆享爵（S. M. Omohundro）在文〔96〕中是如何建立 $P(M_G)$，$P(M_S^{(q)} \mid M_G)$ 以及 $P(\theta_S^{(q)} \mid M_G, M_S^{(q)})$ 的模型的。

$P(M_G)$ 是模型的整体结构的概率。对模型的整体结构，我们没有

任何偏向，因而 P（M_G）是常数，在语法推导的过程中可以忽略。

P（$M_S^{(q)} \mid M_G$）是给定了整体结构的条件下，某一个状态及其转移和输出的概率。我们假定从一个状态出发的平均转移数为 n_t。我们没有理由偏向转移到达哪些状态，因此，每一个转移具有先验概率 $p_t = n_t / \parallel Q \parallel$。同样，假定从一个状态的平均输出符号数为 n_e，则每一个输出具有先验概率 $p_e = n_e / \parallel \Sigma \parallel$。这里，$\parallel Q \parallel$ 和 $\parallel \Sigma \parallel$ 分别为隐马尔柯夫模型的状态集合及输出符号集合的大小。因而，对状态 q，

$$P（M_S^{(q)} \mid M_G）= p_t^{n_t^{(q)}}（1-p_t）^{\parallel Q \parallel - n_t^{(q)}} p_e^{n_e^{(q)}}（1-p_e）^{\parallel \Sigma \parallel - n_e^{(q)}} \quad (9.13)$$

其中，$n_t^{(q)}$ 为从 q 出发的转移数，$n_e^{(q)}$ 为 q 的输出符号数。

P（$\theta_M^{(q)} \mid M_G, M_S^{(q)}$）是给定了整体结构和某一个状态 q（包括从其出发的转移数及输出数），该状态具有特定的转移及输出概率的概率。

假设从 q 出发有 $n_t^{(q)}$ 个转移，在这些转移中，每次只能选择一个。而每一个转移的概率，可以被视为该转移被选中的平均次数，它们构成了一个多项分布。我们必须利用一个多项先验分布来求这些转移概率（或各个转移被选中的平均次数）的概率。同样的，状态 q 的输出概率也构成了一个多项分布。

多项分布的一个标准先验分布是狄里克雷分布（Dirichlet Distribution）：

$$P（\theta）= \frac{1}{B（\alpha_1, \cdots, \alpha_n）} \prod_{i=1}^{n} \theta_i^{a_i-1} \quad (9.14)$$

其中，$\alpha_1, \cdots, \alpha_n$ 是先验分布中的参数。α_i 的值越大，先验分布就越趋向于采用多项分布中的第 i 项选择。当狄里克雷分布作为转移概率参数的先验分布时，对某一个状态 q 而言，由于我们不偏向于 $n_t^{(q)}$ 个转移中的任何一个，因此，$\alpha_1 = \alpha_2 = \cdots = \alpha_{n_t}^{(q)} = \alpha_t$，$\alpha_t$ 为一常数。同样地，当狄里克雷分布作为输出概率参数的先验分布时，对某一个状态 q 而言，由于我们不偏向于 $n_e^{(q)}$ 个输出中的任何一个，因此，$\alpha_1 = \alpha_2 = \cdots = \alpha_{n_e}^{(q)} = \alpha_e$，$\alpha_e$ 为一常数。这样，

$$P（\theta_M^{(q)} \mid M_G, M_S^{(q)}）= \frac{1}{B（\alpha_t, \cdots, \alpha_t）} \prod_{i=1}^{n_t^{(q)}} \theta_{q_i}^{\alpha_t-1} \frac{1}{B（\alpha_e, \cdots, \alpha_e）} \prod_{j=1}^{n_e^{(q)}} \theta_{q_j}^{\alpha_e-1}$$

其中，θ_{q_i} 是状态 q 的第 i 个转移概率，θ_{q_j} 是状态 q 的第 j 个输出概率。

贝叶斯模型合并推导隐马尔柯夫模型

综合以上的讨论，我们得到以下的隐马尔柯夫模型推导算法。该算法是一种梯度算法（Hill-climbing Algorithm）：在多种可能的状态合并中，合并使后验概率 $P(M \mid X)$ 增加最大的两个状态。

算法 9.3 隐马尔柯夫模型贝叶斯推导

输入：训练数据 $X = S^+$

输出：隐马尔柯夫模型的结构

1. 由训练数据 X，按照最大似然估计，构造初始模型 M_0（前缀树识别器）

2. 设 $i \leftarrow 0$。循环以下步骤：

（a）在模型 M_i 的状态中，计算候选的合并状态对的集合 K。

（b）对 K 中的每一个候选合并状态对 $k = (q_1, q_2)$，构造由 M_i 合并状态 q_1，q_2 所得的模型 $k(M_i)$。计算其后验概率。

$P(k(M_i) \mid X)$。

（c）设 $k^* \leftarrow argmax_k P(k(M_i) \mid X)$。$M_{i+1} \leftarrow k^*(M_i)$

（d）如果 $P(M_{i+1} \mid X) < P(M_i \mid X)$，退出循环。

（e）设 $i \leftarrow i+1$。

3. 输出 M_i 作为由 X 推导出的语法模型。

文〔96〕中给出了实现以上算法时所采用的一些具体措施，以提高算法的执行效率。文中还对该算法进行了评估，同时给出了一些推导出的语法结构的实例。有兴趣的读者可参考此文。

第十章　当前计算语言学的研究

第一节　统计学机器翻译

传统的机器翻译需要大量的人力和专家知识用于设计中间语言和编写语法，而这个过程又是枯燥乏味的。更大的问题是，设计出来的中间语言和语法往往只适用于一个特定的领域。一旦更换了机器翻译的问题领域，整个设计过程又得从头开始。IBM 考查了几个被认为是通用的广覆盖率的语法。他们的研究表明，所谓的通用语法是不现实的。即使在最宽容的评估标准下，这些语法也只能覆盖不到一半的测试数据〔10〕。

传统的机器翻译是符号处理（Symbolic）系统。如我们在第一章中所述，符号处理系统通常是理性主义的。它所刻画的偏重于语言能力（Langange Competence）而非语言行为（Language Performance）。这就造成了传统的机器翻译系统的另一个困难：它们很难应付口语中常出现的一些语言行为的现象，例如错误起始（false start），不合语法的语句等等。而口语翻译是当今机器翻译的一大热点。传统的机器翻译为此受到挑战。

机器学习为克服这些困难提供了有效的方法。IBM 的统计学机器翻译系统就是一个自动学习的机器翻译系统。它使用统计模型来刻画语言翻译的过程，并且自动地从平行双语语料库中训练出这些模型的参数。这种自动学习的功能把人从繁重的设计过程中解放出来。同时由于学习过程是基于实际数据的，这种经验主义（Empiricism）的方法能够有效地刻画语言行为的现象。

一　IBM 统计学机器翻译

IBM 的统计学机器翻译系统〔14，17〕使用 HANSARDS（加拿大国会的会议记录。由于加拿大是一个双语国家，其法律规定国会议员的发言记录必须翻译成英语和法语中的另一种语言）作为训练从法语到英语翻译器的双语语料库。一个对位（Alignment）程序从双语语料库中识别出对应的句子〔15〕。

对于每一对相应的句子，IBM 的统计学机器翻译系统认为它们是一个通讯信道（Channel）两端的信息。如果要从法语翻译到英语，英语就是这个信道源端的发送信息，法语则是该信道末端的接收信息。机器翻译的任务则变成了根据接收信息而解码得出发送信息。也就是说，翻译器的任务是，在给定了法语语句 F 的情况下，搜索其相应的英语语句 E，使得后验概率 $P(E \mid F)$ 达到极大值。这个极值点 E^* 就是 F 的翻译：

$$E^* = arg\ \max_E P\ (E \mid F) \tag{10.1}$$

由于

$$P\ (E \mid F)\ = \frac{P\ (E)\ P\ (F \mid E)}{P\ (F)} \tag{10.2}$$

并且 $P(F)$ 在给定了 F 的情况下只是一个归一化（Normalization）因数，不影响极值点，因而任务（10.1）也就成为搜索

$$E^* = \arg\max_E P\ (E)\ P\ (F \mid E) \tag{10.3}$$

为此，一个机器翻译系统必须建立统计模型，用于刻画 $P(E)$ 和 $P(F \mid E)$。刻画 $P(E)$ 的模型称为语音模型，IBM 机器翻译系统和大多数语言识别系统一样，使用 trigram 作为语言模型。刻画 $P(F \mid E)$ 的模型称为翻译模型。IBM 的机器翻译系统使用了五种翻译模型。在这里我们只介绍具代表性的模型二。有兴趣的读者可参考文〔17〕。

在模型二中，通讯信道从其源端的英语语句 E 顺序产生其末端的法语语句 F 的每一个词 f_1, f_2, $\cdots$, f_n。该过程可被刻画为：

1. 由英语句子的长度 l，确定法语句子的长度 m 的概率分布。在模型二中，该概率分布被假定独立于 m, l：$P(m \mid l) = \varepsilon$。

2. 由对位（Alignment）概率 $a(j \mid i, m, l)$ 确定对应于法语句子的位置 i 的英语句子中的位置 j 的概率分布。其中 l, m 分别为英语句子和法语句子的长度。

3. 在某一确定的对位（其中法语句子的位置 i 对应于英语句子中的位置 a_i）的情况下，翻译概率 $t(f_i \mid e_{a_i})$ 确定从英语句子位置 a_i 上的

词 e_{ai} 翻译到法语句子位置 i 上的词 f_i 的概率分布。

最终法语句子 F 在给定英语句子 E 的条件下的概率，即为在所有不同的对位 A 的情况下，由 E 翻译为 F 的概率之和。这个过程可表述为下面的公式：

$$P\ (F \mid E)\ = \sum_A P\ (F,\ A \mid E) \qquad\qquad (10.4)$$
$$= \varepsilon \sum_{a_1=0}^{l} \cdots \sum_{a_m=0}^{l} \prod_{j=1}^{n} a\ (a_i \mid i,\ m,\ l)\ \times t\ (f_i \mid e_{a_i})$$

二　参数训练

在以上的翻译模型中，有两类参数：对位概率 $a\ (j \mid i,\ l,\ m)$ 和翻译概率 $t\ (f \mid e)$。如何有效地估计这些参数呢？

如果在训练数据中，每一对英语/法语句子（E，F）的对位已知，也就是说，由英语词 e 对应到法语词 f 的次数，$c\ (f \mid e;\ E,\ F)$，以及在某一特定英语/法语语句长度 l，m 的情况下，法语语句中位置 j 对应于英语语句中位置 i 的次数。$c\ (i \mid j,\ l,\ m;\ E,\ F)$，均为已知，我们可通过最大似然估计来估计翻译模型中的参数：

$$t\ (f \mid e)\ = \frac{c\ (f \mid e;\ E,\ F)}{\sum_{f'} c\ (f' \mid e;\ E,\ F)}$$

$$a\ (i \mid j,\ l,\ m)\ = \frac{c\ (i \mid j,\ l,\ m;\ E,\ F)}{\sum_{i' \leqslant l} c\ (i' \mid j,\ l,\ m;\ E,\ F)} \qquad (10.5)$$

然而，在实际训练数据中，通常并没有给出对应语句中词的对位。这样的对位往往需要大量的人力来标识。因此，参数训练的任务是，如何在对位是隐变量的情况下估计参数 a 和 t。

在第 8 章中，我们介绍了在隐马尔柯夫模型中状态序列是隐变量的情况下，以及在概率上下文无关文法中语法分析是隐变量的情况下，估计其参数的方法是 EM 算法。在这里，解决对位是隐变量的情况下 a 和 t 的参数估计的方法仍然是 EM 算法：最初给 a 和 t 随机地赋值而得到一初始模型，由初始模型计算出各种对位的期望次数。由此，根据最大似然估计计算出新的 a 和 t，从而得到新的模型。重复此过程直至 a 和 t 值收敛。

给定一模型（a，t），下列公式可用于计算对位的期望次数：
$$\bar{c}\ (f \mid e;\ F,\ E)\ =$$

$$\sum_{j=1}^{m}\sum_{i=0}^{l}\frac{t\ (f\mid e)\ a\ (i\mid j,\ l,\ m)\ \delta\ (f,\ f_j)\ \delta\ (e,\ e_i)}{t\ (f\mid e_0)\ a\ (0\mid j,\ m,\ l)\ +\cdots+t\ (f\mid e_l)\ a\ (l\mid j,\ m,\ l)}$$

$$\bar{c}\ (i\mid j,\ m,\ l;\ F,\ E)\ =$$

$$\frac{t\ (f_j\mid e_i)\ a\ (i\mid j,\ m,\ l)}{t\ (f_i\mid e_0)\ a\ (0\mid j,\ m,\ l)\ +\cdots+t\ (f_j\mid e_l)\ a\ (l\mid j,\ m,\ l)}$$

$$(10.6)$$

参考文献〔17〕给出了 IBM 统计学机器翻译各种模型的参数估计的数学公式的推导，有兴趣的读者可以参考此文。

三　源语言搜索

首先要对一些术语的使用作些说明。在信道模型的机器翻译系统中，"源语言"和"目标语言"的用法正好与传统的机器翻译系统的用法相反。如果我们要从法语翻译到英语，法语是目标语言，英语是源语言。这里因为信道始端的信息被称为"源信息"，信道末端的信息被称为"目标信息"。而机器翻译的任务则是从目标信息复原出源信息。因此，"源语言搜索"在传统的机器翻译的意义上指的是"目标语言的产生"。

IBM 的机器翻译系统使用了栈搜索（Stack Search）〔52〕（或称 A*搜索〔77〕）来解码以求得 E。其过程可被简略地表述为：

算法 10.1 栈搜索：

1. 初始时，将一空字串压入堆栈。

2. 从堆栈中弹出分数最高的字串，设之为当前字串。

3. 如果当前字串标记为一完整语句，输出该语句并结束算法。

4. 对英语词汇集中的每一个词 e。

（a）扩展当前字串，使其最后一词为 e

（b）如果 e 是 EOS（语句结束符），标记该字串为完整语句

（c）给新扩展的字串记分

5. 回到步骤 2。

在具体实现该算法时，还有许多细节问题，例如如何有效地删除（Prune）堆栈中的可能性很小的字串以提高搜索速度，而同时不影响搜索的正确性。另一个问题是如何给一个字串记分，使得源语言的前缀字

串的分数高于其他字串。限于篇幅，我们在此不讨论这些问题。有兴趣的读者可参考文〔77〕。

第二节　词类标识（Part-of-Speech Tagging）

一个语言中很多词的词类是歧义的，例如下列英语句子中 time，flies 和 like 的词类均有两种可能（每一个单词后的斜线后是该词的词性）。Time 可为名词（时间）或动词（计时），flies 可为动词（飞）或名词（苍蝇），like 可为介词（像）或动词（喜欢）。

例 10.1 词类歧义：

Time/noun/verb flies/verb/noun like/prep/verb an/determiner arrow/noun.

词类标识（Part-of-Speech Tagging）的任务就是要通过学习使得计算机能够根据上下文自动地识别出带歧义的词的词性。以上例为例，词类标识应当给句子中的每个词标识如下的词类：

例 10.2 词类标识：

Time/noun flies/verb like/prep an/determiner arrow/noun.

一　隐马尔柯夫模型词类标识

词类标识的问题，可以视为在给定词序列 $w_1^T = w_1$，w_2，$\cdots$，w_T 的条件下，搜寻词类序列 $c_1^T = c_1$，c_2，$\cdots$，c_T，使得 $P(c_1^T \mid w_1^T)$ 最大。即

$$c_1^T = \underset{c_1^T}{argmax}\, P(c_1^T \mid w_1^T) \tag{10.7}$$

由于

$$P(c_1^T \mid w_1^T) = \frac{P(c_1^T)\, P(w_1^T \mid c_1^T)}{P(w_1^T)} \tag{10.8}$$

并且 $P(w_1^T)$ 在给定了 w_1^T 的情况下只是一个归一化因数而不影响极值点，因此，我们必须搜索

$$c_1^T = \underset{c_1^T}{argmax}\, P(c_1^T)\, P(w_1^T \mid c_1^T) \tag{10.9}$$

如果假定模型 $P(c_1^T)$ 可由 bigram 来实现，并且假定

$$P(w_1^T \mid c_1^T) = \prod_{i=1}^{T} P(w_i \mid c_i) \tag{10.10}$$

我们得到

$$c_1^T = \underset{c_1^T}{argmax} \prod_{i=1}^{T} P\ (c_i \mid c_{i-1})\ P\ (w_i \mid c_i) \tag{10.11}$$

如果我们建立一隐马尔柯夫模型，其每一个状态对应于一个词类标识符，从状态 S_i（对应于词类标识符 c_i）到状态 S_j（对应于词类标识符 c_j）转移概率 a_{ij} 为相应的词类标识符 bigram $P\ (c_j \mid c_i)$，从状态 S_i 输出词 w 的输出概率 $b_i\ (w)$ 为 $P\ (w \mid c_i)$，则词类标识的问题变为求该隐马尔柯夫模型的最佳状态序列的问题。从第 8 章的讨论，我们已知此问题可由韦特比算法解决。

这里，隐马尔柯夫模型的参数可从训练数据中估计出来。由于训练数据已标识好语句中第一个词的标识符，即对应该于每一词句的状态序列为已知，因而我们可以直接通过最大似然估计来计算参数值，而不必运用向前向后算法：

$$a_{ij} = \frac{\text{训练数据中 } c_i \text{ 出现在 } c_j \text{ 之前的次数}}{\text{训练数据中 } c_i \text{ 出现的次数}}$$

$$b_i\ (w)\ = \frac{\text{训练数据中 } w \text{ 被标识为 } c_i \text{ 的次数}}{\text{训练数据中 } c_i \text{ 出现的次数}} \tag{10.12}$$

二　基于规则的词类标识

基于规则的词类标识使用一个有序的转换规则（transformation）集。该集合中的规则有两部分组成：重写规则和适用环境。

例 10.3 转换规则：

重写规则：将一词的标识符从"情态动词"（*modal*）改为"名词"（*noun*）

适用环境：该词出现在冠词（*determiner*）之后

将该转换规则运用于如下的词类标识：

The/determiner can/modal rusted/verb. /.

可得到新的词类标识：

The/determiner can/noun rusted/verb. /.

基于规则的词类标识初始时按照某种方式来标识一个语句中的词，然后按顺序逐个地使用转换规则集中的规则来修正初始标识的错误。这里重要的是，如何通过学习来自动获得转换规则集。人工设计转换规则集是不实际的，尤其是不同转换规则的使用顺序使问题大大地复杂化了。

布莱尔的"基于转换规则的错误驱动的学习"〔12〕提供了获得转换规则集的工具。该方法可由图 10.1 来描述。

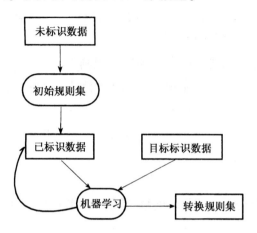

图 10.1　基于转换规则的错误驱动机器学习

基于转换规则的错误驱动机器学习的基本思想是，首先运用初始规则集标识未标识数据，由此产生已标识数据。初始规则集通常是极其简单的标识规则，例如"将所有的词标识为名词"，"将所有的词标识其最常见的词类"。由于初始规则的简陋，已标识数据中必定有很多标识错误。通过比较已标识数据和目标标识数据，可以知道标识错误数。在所有可能的转换规则空间中，搜索使错误数减少量多的规则加入规则集，并使用该规则于已标识数据，从而产生新的已标识数据。重复该过程，直至没有转换规则能够使错误数减少。输出最终的转换规则集作为学习结果。

这里需要说明的是，什么是"所有可能的转换规则空间"？文〔12〕中，所有可能的转换规则空间可以由下列的六个转换规则样板（transformation template）产生：

重写规则：将标识 a 改为标识 b

适用环境：

1. 前面（后面）一词的标识为 z

2. 前面（后面）第二个词的标识为 z

3. 前面（后面）两词中有一个标识为 z

4. 前面（后面）三词中有一个标识为 z

5. 前面一词的标识为 z，后面一词的标识为 w

6. 前面（后面）一词的标识为 z，前面（后面）第二个词的标识为 w

其中，a，b，z，w 可为所有的词类标识符。由此转换规则样板，可产生如下列所示的转换规则：

例 10.4 由转换规则样板产生的转换规则

当前面两词中有一个标识为 *model*（情态动词）时，将标识 *noun*（名词）改为标识 *verb*（动词）

当前面一词的标识为 *determiner*（冠词）时，将标识 *verb*（动词）改为标识 *noun*（名词）

第三节　歧义化解（Disambiguation）

歧义是指同一种语言构造具有不同的含义。自然语言中存在着两种歧义，语法歧义和词汇歧义。在第 5 章中，我们提到同一个语句可有不同的语法分析，因而可以作不同的理解。这就是语法歧义。下面就是一个语法歧义的例子：

（见例 10.5 语法歧义）

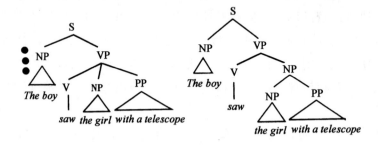

图 10.2　语法歧义

图 10.2 显示了英语语句"*The boy saw the girl with a telescope*"的两种语法分析。前者可理解为"那男孩用望远镜看到了那女孩"，后者可理解为"那男孩看到了带着望远镜的女孩"。

语汇歧义是指同一个词有不同的含义。如英语的"bank"，可表示

"银行"，亦可表示"岸"。

歧义给计算语言学带来了一个重要的研究课题。通常，当人们使用语言时，并没有察觉到歧义的存在而对语句作出了合适的理解。但计算机只能对语言作机械的理解。它必须将一语言分析成不同的语法结构，并从众多的可能结构中选择一个合适的语法分析。举例来说，当人们见到英语语句"Time flies like an arrow"（光阴似箭）时，通常不会意识到它有五种不同的语法分析。而计算机则要产生所有的语法分析，并从中挑选合适的语法分析。

以下两节中，我们将分别讨论语法歧义的化解和语汇歧义的化解。

一　基于结构的语法歧义化解

基于结构的语法歧义化解是根据造成不同意义的语法结构的特点，给不同的结构授以不同的优先级，从而确定哪一个意义的可能性较大。这种方法很简单，它不需要运用语义学和上下文的信息。

基于结构的语法歧义化解和心理语言学有着紧密的联系。许多心理语言学实验被用于验证一些基于结构的语法歧义化解方法却为人们所用。以下是一些主要的基于结构的方法：

1. 向右结合（Right Association）：一个语法成分（Constituent）优先附着于一个已存在的最低的语法非终结符节点〔59〕。

2. 最小附着（Minimum Attachment）：一个语法成分趋向附着于一个已存在的非终结符节点，从而使得该附着所需要使用的新的语法节点（Syntactic Nodes）最少〔34〕。

对例 10.5 中的语句，向右结合和最小附着作出了不同的推测：由于名词附着比动词附着多一个非终结符节点 *NP*（见图 10.2），最小附着偏向于动词附着。而向右结合预测介词短语应附着于语法分析树中较低的非终结符节点 *NP* 而非 *VP*。

心理语言学家研究基于结构的语法歧义化解，主要用于建立模型以预测人们在语法分析时用于歧义化解的时间。他们并不否认在歧义化解的过程中，其他的因素会影响最终的结构选择。在此情况下，基于结构的语法歧义化解就不能很好地预测正确的语法分析。下例就显示了语法结构不是用于化解歧义的唯一因素。不同的词汇（介词宾语）对介词短语的附着起着重要的作用。由于其中介词宾语的不同，第一个介词短语偏向附着于动词"saw"，而第二个介词短语偏向附着于名词短语"the girl"。

例 10.6 介词宾语影响介语短语的附着

1. *The boy saw the girl with a telescope.*

2. *The boy saw the girl with a dog.*

因此，在实际的歧义化解系统中，必须考虑不同的语汇对结构的影响。这就导致了统计学语法歧义化解的研究。

二 统计学语法歧义化解

大多数统计学语法歧义化解的研究集中于介词短语的附着（PP attachment）问题。这是由于介词短语的附着问题是产生语法歧义的一个重要根源。例 10.5 中的语法歧义，就是由于介词短语"with a telescope"既可以附着于动词"saw"，又可以附着于名词短语"the girl"而造成的。而介词短语的附着问题，又简化为具有形态 *verb np$_1$* （*prep np$_2$*）的语句中，介词短语（*prep np$_2$*）应该附着于 *verb*（动词），还是 *np$_1$*（名词短语）的问题。

如果以随机变量 A 表示（*prep np$_2$*）的附着〔A 可取值 *VB*（附着于动词）或 *NP*（附着于名词短语）〕，以 w 代表语句中除 *verb np$_1$* （*cprep np$_2$*）外的词，则我们可以由概率分布 P（A | *prep*，*verb*，*np$_1$*，*np$_2$*，w）来确定某一个附着的可能性。进一步假定该概率分布独立于 w，并独立于 *np$_1$*，*np$_2$* 中除中心名词（head noun）以外的其他部分，则

$$P（A | prep，verb，np_1，np_2，w）= P（A | prep，verb，noun_1，noun_2）$$

其中，*noun$_1$* 是 *np$_1$* 的中心名词，*noun$_2$* 是 *np$_2$* 的中心名词。

如果

$$P(NP|prep,verb,noun_1,noun_2) > P(VB|prep,verb,noun_1,noun_2),$$

$$(10.13)$$

则将介词短语附着于名词短语，否则，将其附着于动词。

问题在于，如果我们用以上的模型来刻画介词短语的附着，该模型中有太多的自由参数 P（A | *prep*，*verb*，*noun$_1$*，*noun$_2$*）。假定英语中有 10^4 个名词，10^4 个动词，10 个介词，则该模型大约有 10^{13} 个自由参数！

要解决这个问题，必须对模型 P（A | $prep$, $verb$, $noun_1$, $noun_2$）作进一步的简化。文〔45〕中对此作了进一步的独立性假设：

$$P（A = NP | prep, verb, noun_1, noun_2）= P（NP | prep, noun_1）$$

$$P（A = VB | prep, verb, noun_1, noun_2）= P（VB | prep, verb）$$

$$(10.14)$$

也就是说，介词短语的附着和介词后所跟的名词不相关，介词短语的附着于宾语时和动词不相关，介词短语的附着于动词时和宾语不相关。

文〔45〕中进一步假设

$$P（A = NP | prep, noun）> P（A = VB | prep, verb）$$

$$\Updownarrow$$

$$P（prep | noun）> P（prep | verb）\qquad (10.15)$$

因此，如果我们求得 P（$prep$ | $noun$）和 P（$prep$ | $verb$），我们即可估计哪一种附着的可能性较大。

P（$prep$ | $noun$）和 P（$prep$ | $verb$）可由最大似然估计求得：

$$P（prep | noun）\approx \frac{C（prep \text{ 附着于 } noun）}{C（noun）} \qquad (10.16)$$

$$P（prep | verb）\approx \frac{C（prep \text{ 附着于 } verb）}{C（verb）} \qquad (10.17)$$

其中，C（X）代表 X 出现的次数。

这里问题在于，如何得到 C（$prep$ 附着于 $noun$）和 C（$prep$ 附着于 $verb$）？当然，我们可以人工标明训练数据中每一个介词短语的附着，但这要花费大量的人力。简易的办法是，由非歧义的数据估计数 C（$prep$ 附着于 $noun$）和 C（$prep$ 附着于 $verb$）：

1. 如果一个名词 n 前面没有动词，后面跟有一介词短语 PP（介语为 p）（例如当该名词是主语时），将 C（p 附着于 n）加一。

2. 如果一个被动态动词 v 后跟有一个非 by-短语的介词短语 PP（介语为 p），将 C（p 附着于 v）加一。这种情况的例子如 "The dog was hit on the leg"。

3. 如果介词短语 PP（介词为 p）前既有动词 v 又有名词短语 np，而该名词短语是一代词，则将 C（p 附着于 v）加一。该种情况的例子有 "Sue saw him in the park"。

4. 如果介词短语 *PP*（介语为 *p*）前既有动词 *v* 又有名词短语 *np*（中心名词为 *n*），则由 t-score 来确定，根据 1-3 所得的计数，是否有一种附着大大地超过了另一种附着的可能性。如果是，则将相应的计数 *C*（*p* 附着于 *n*）或 *C*（*p* 附着于 *v*）加一。

5. 如果 1-4 均不成立，将 *C*（*p* 附着于 *n*）和 *C*（*p* 附着于 *v*）各增加 0.5。

文〔45〕中对 $P(A \mid prep, verb, noun_1, noun_2)$ 作的独立性假设，过度简化了介词短语附着模型。实际语言应用中，如前面的例 10.6 所示，介词短语中的名词短语对介词短语的附着起着极重要的影响。

然而，如果我们将介词短语中的名词作为和介词短语的附着相关的因素而保留在模型中，我们又会遇到过多参数的问题。

解决问题的方法在于，将名词和动词按其语义划分成若干等价类，而介词短语附着模型相关于这些语义等价类。例如，将"Monday"，"today"，"March"划归等价类 TIME，将"Joho"，"baby"，"boy"，"girl"，"artist"划归等价类 HUMAN。介词短语附着模型不相关于具体的名词，而只相关于这些词所属的语义等价类：

$$P(A \mid prep, vevb, noun_1, noun_2) =$$
$$P(A \mid prep, c(verb), c(noun_1), c(noun_2)) \quad (10.18)$$

其中，*c*（*X*）是词 *X* 所属的词义等价类。由于等价类的数目远远小于名词或动词的数目，公式（10.18）大大减少了参数的数量。

如果进一步假设

$$P(A = NP \mid prep, c(verb), c(noun_1), c(noun_2)) >$$
$$P(A = VB \mid prep, c(verb), c(noun_1), c(noun_2))$$
$$\Updownarrow$$
$$P(c(noun_1), c(noun_2) \mid prep) > P(c(verb), c(noun_2) \mid prep)$$
$$(10.19)$$

只要求得 $P(c(noun_1), c(noun_2) \mid prep)$ 和 $P(c(verb), c(noun_2) \mid prep)$，我们即可估计哪一种附着的可能性较大。这里 $P(c(noun_1), c(noun_2) \mid prep)$ 和 $P(c(verb), c(noun_2) \mid prep)$ 同样可由最大似然估计求得。我们同样可采用上文所述的办法，从非歧义的数据中得到最大似然估计所需要的有关事件的计数。

三　词汇歧义化解（Lexical Disambiguation）

词汇歧义化解的问题包括：1. 如何运用统计信息发现多义词。2. 给定一个多义词出现在上下文，如何确定其正确的意义。

解决这两个问题的方法是基于如下的观察：不同的意义往往发生在不同的上下文中。如果我们以 n 维空间的点来表示一个词出现的上下文，并且利用一个聚类（clustering）程序对这些点进行分类，则对应于一个多义词的不同意义的上下文会出现在不同的等价类之中。因此，如果一个词的上下文出现在多个等价类中，我们可以确定其为多义词。同样，如果给定一个多义词出现的上下文，我们便可以将表示此上下文的点与对应于该多义词的各个意义的上下文等价类的中心点进行比较，并由最接近的等价类的中心点得知该词的意义。

利用外部信息的词汇歧义化解

将表达上下文的 n 维向量（点）分类的一种方法是，利用外部信息而得知某一个向量应属于哪一类。假定我们有一个平行双语语料库。从前面的统计学机器翻译一节我们知道可以运用 EM 算法来进行平行语句词与词之间的对位。常常一个语言中的多义词经对位对应于另一个语言中不同的词。例如，英语中的词"duty"有"义务"与"关税"两种意义，这两种意义在法语中分别对应了"devoir"和"droit"。如果在一个对位中，"duty"对应于"devoir"，我们可将此"duty"出现的上下文归类到对应于意义"义务"的等价类 *OBLIGATION* 中，反之，将其上下文归类到对应于意义"关税"的等价类 *TAX* 中。

文〔37〕就采用了这种方法。其中，语料库中一个词 w_i 的上下文被定义为：

$$C(w_i) = <\,|\,w^1\,|\,,\ |\,w^2\,|\,,\ \cdots,\ |\,w^w\,|\,>$$

$$(10.20)$$

这里 $|\,w^k\,|$ 为词汇集中的词 w^k 在 w_i 附近 100 个词中出现的次数。

而某一等价类，如 TAX 的上下文被定义为：

$$C(TAX) = <p(w^1\,|\,TAX),\ p(w^2\,|\,TAX),\ \cdots,\ p(w^w\,|\,TAX)\,>$$

$$(10.21)$$

其中，$p(w^k\,|\,TAX)$ 为语料库中代表意义 *TAX* 的词的邻近 100 个

词中，词 w_i 出现的概率。

如果给出了一个新的 $w = \text{duty}$ 及其上下文 $C(w)$，我们可以用如下的方法确定其意义 $\hat{s}$：

$$\hat{s} = \underset{s}{argmax}\, p\,(s \mid C(w)) = \underset{s}{argmax}\, \frac{P(s)\, P(C(w) \mid s)}{P(C(w))}$$

$$= \underset{s}{argmax}\, P(s)\, P(C(w) \mid s)$$

$$= \underset{s}{argmax}\, P(s) \prod_{x \in C(w)} P(x \mid s)$$

$$(10.22)$$

在此公式中，我们假定了上下文中出现的词互相独立。显然这不是很准确的假定，但在这个特定的应用中是合适的。

无外部信息的词汇歧义化解

舒茨（H. Schutze）在文〔90〕和〔91〕中运用了与文〔37〕中相似的上下文向量表示法。不同的是这里没有使用外部信息：平行双语语料库在这个方法中是不需要的。

没有了外部信息，给聚类算法造成了很大的影响。由于数据匮乏问题的影响，很多多义词的同一语义出现的两个上下文有着很大的差别。我们不能希望在两个上下文中有很多共同的词出现。这不影响利用外部信息的聚类，因为我们已知每个上下文向量应该归到哪一类中。而没有外部信息时，由于上下文的差别，我们很难保证同一意义的上下文被划分进同一个等价类中。

为解决这个问题，舒茨在文〔90〕和〔91〕中对词汇集中的每一个词 w 定义其关联向量（association vector）$A(w)$ 为 w 的平均上下文：

$$A(w) = \sum_{k=1}^{n} \delta(w_k, w) <c_k^1, c_k^2, \cdots, c_k^w> \qquad (10.23)$$

这里，我们用上标表示词汇集中的词，称为词的"形"〔type〕（如 w^j 表示词汇集中的第 j 个词，用下标表示一个词在语料库中的一次具体使用，称为词的"用"〔token〕如 w_k 表示语料库 $W = w_1, w_2, \cdots, w_n$ 中的第 k 个词）。c_k^j 为词形 w^j 出现为词用 w_k 的上下文中的次数，n 为词料库的大小，$\delta(x, y)$ 为克罗奈克函数。

这样，我们可以定义一个词用 w_i 的上下文向量为其邻近的 100 个词的关联向量的和：

$$C\ (\ w_i\ )\ =\sum_{j=1}^{w} c_i^j\, A\ (\ w^j\ ) \qquad\qquad (10.24)$$

这样做的思想是，尽管一个多义词的同一意义所出现的两个上下文中相同的词很少，这两个上下文的相似性仍然能够表达出来。使用知识表达方式的术语，我们使用分布式表达来表示词汇集中的每一个词形。和符号表示方法不同，意义相近的词在分布式表达中的形状也相似（这里表现为关联向量的方向相似）。这样，只要在上下文中出现了形状相似（从而意义相近）的词，由公式（10.24）定义的上下文向量也就在一定程度上相似。

以具体的例子来说，假定对应于意义"银行"的英语名词"bank"出现在两个不同的上下文中，这两个上下文中没有相同的词。如果采用文〔37〕中的上下文表示方法，这两个上下文没有相似性。进一步假定在一个上下文中出现了词"money"（金钱），另一个上下文中出现了词"loan"（借贷），且这两个词的关联向量如表 10.1 所示。由于"money"和"loan"的关联向量的相似性，表示这两个上下文的向量也相似了。反之，假定另一个"bank"的用的意义为"岸"，且其上下文中出现了词"water"（水）。从表 10.1 可以看出，"water"和"money"或"loan"的相似程度要远远小于"money"和"loan"的相似程度，从而这一"bank"的上下文向量就远离前两个上下文的向量表达。

表 10.1　　　　　　　　　　　　关联向量

	bank	building	loan	money	mortgage	river	water
loan	150	20	70	100	50	10	40
money	600	500	100	400	50	30	70
water	15	400	40	70	1	400	500

表 10.2　　　　　　　　　　　十项词汇歧义化解实验

词	训练数据	测试数据	意义数	常见意义%	正确率%
tank/s	1780	336	8	80	95
plant/s	4132	502	13	66	92
interest/s	2955	501	3	68	93
capital/s	2000	200	2	66	95
suit/s	8206	498	2	54	95

词	训练数据	测试数据	意义数	常见意义%	正确率%
motion/s	3101	200	2	54	92
ruling	5966	200	2	60	90
vessel/s	1701	144	7	58	92
space	10126	200	10	59	90
train/s	4775	266	10	76	89

　　需要说明的是，由于不同的词形在语料库中的使用频率不同，因而其关联向量的长度不一样。因此我们这里所说的向量的相似，是独立于向量的长度而单指向量的方向的。事实上，文〔90〕和〔91〕中比较向量的方法是两个向量之间夹角的余弦函数，夹角愈小，相似性愈大：

$$cos\ (a,\ b)\ =\ \frac{\sum_{k=1}^{m} a_k b_k}{\sqrt{(\sum_{k=1}^{m} a_k^2)\ (\sum_{k=1}^{m} b_k^2)}}$$

$$(10.25)$$

　　文〔90〕和〔91〕中运用了 AutoClass〔21〕或 bukshot〔28〕进行向量的聚类，得到了表 10.2 中的结果。其中，第一列为需要化解歧义的多义词，第二、三列为用于训练和测试的数据的数量，第四列为聚类程序将上下文向量所划分成的等价类的数目，也就是相应的词的不同意义数。第五列为相应的词的最常见意义出现的百分比，也就是说，如果我们不作歧义化解，每次均选取最常见意义而达到正确理解的百分比。最后一列显示了上面所描述的方法作出正确意义选择的百分比。由此表可见，前面所描述的方法在很多情况下要远远优于不考虑上下文而只按词义概率盲目猜测的结果。

附录 A　汉英术语对照

中文名称	英文名称	章次
艾伦	James Allen	6
艾森	U. Essen	8
半序	partial order	2
备值	backoff	6
闭包	closure	2
波维克	R. Berwick	5
伯·郎	B. Lang	7
布兰特	M. Brent	9
布朗	P. Brown	9
布莱尔	E. Brill	10
布里斯南	J. Bresnan	4
部分分析	partial parsing	7
情境语义学	situation semantics	6
超有限语言族	superfinite class of language	9
超语法现象	extragrammatical phenomena	7
传递关系	transitive relation	2
词汇功能词法	Lexical Functional Grammar，LFG	4
词汇选择	lexical selection	9
词类标识	part-of-speech tagging	10
词形	word type	10
词用	word token	10
错误起始	false start	10
待处理表	Agenda	5

归一化	normalization	8
归一	unification	5
归约	reduce	5
过度适合	overfit	8
郝柏斯	J. Hobbs	6
后备	back-off	8
互信息	mutual information	2
回路	cycle	2
回溯	backtrace	5
活边集	active arcs	5
活态结点	active node	7
基于归一的分析方法	unification-based approach	5
基于会话	dialogue-based	1
基于文本	text-based	1
基于原则的分析方法	principle-based approach	5
激发模式	activation pattern	1
极限标明	identify in the limit	9
集合	set	2
减值法	discounting	8
交叉熵	cross entropy	2
介词短语附着	PP atachment	10
经验主义	empiricism	1
久希	A. Joshi	4
聚类	clustering	9
凯茨	S. M. Katz	8
克罗奈克函数	Kronecker function	8，10
空语类	Empty Category，EC	4
扩展	expansion	5
拉费提	J. Lafferty	4
拉维	A. Lavie	7
莱斯尼克	P. Resnik	9

删除插值法	deleted interpolation	8
熵	entropy	2
上弹	pop	2
上下文无关语法	Context-Free Grammar, CFG	3
上下文有关语法	Context-Sensitive Grammar, CSG	3
识别	recognition	5
数据匮乏问题	sparse data problem	8
树连接语法	Tree Adjoining Grammar, TAG	4
舒茨	H. Schütze	10
斯道基	A. Stolcke	9
斯里特	Sleator	4
斯特赞寇夫斯基	T. Strzalkowski	7
斯姐娜	C. Sidner	6
随机上下文无关文法	Stochastic Context Free Grammar, SCFG (PCFG)	8
索引语法	Index Grammar, IG	3
所指对象	referent	6
特征	feature	5
特征结构	Feature Structure, FS	5
梯度算法	hill climbing algorithm	9
条件真理模型	Truth-Conditional Model	6
条件熵	conditional entropy	2
通用化	generalization	1, 9
通用化不足	undergeneralization	9
通用化过度	overgeneralization	9
通用问题解答系统	general problem solver	1
同义	synonym	6
图	graph	2
图表法	Chart Parser	5
图表	Chart	5
图灵机	Turing Machine, TM	3

附录 B　有关计算语言学的
重要期刊和会议

1. 学术期刊

Artificial Intelligence（Elsevier Science B. V.，月刊）

Cognitive Science（Cognitive Science Society，季刊）

Computational Linguistics（Association for Computational Linguistics，季刊）

Computer Speech and Language（Academic Press，季刊）

Connection Science（Carfax Publication Co.，季刊）

IEEE Transactions on Acoustics, Speech and Signal Processing（IEEE，-1991）

IEEE Transactions on Speech and Audio Processing（IEEE，双月刊，1993-）

Machine Learning（Kluwer Academic Publishers，月刊）

Machine Translation（Kluwer Academic Publishers，季刊）

2. 学术会议

Annual Meeting of the ACL（ACL，年会）

DAPAR Workshop on Speech and Natural Language（年会，-1993）

DAPAR Workshop on Human Language Technologies（年会，1994-）

European Annual Meeting of the ACL（EACL，年会）

European Conference on Speech Recognition（Eurospeech，年会）

IEEE International Conference on Acoustics, Speech and Signal Processing（ICASSP，年会）

International Colloquium on Grammatical Inference and Applications

International Conference on Computational Linguistics（Coling，双年会）

International Conference on Spoken Language Processing（ICSLP，双年会）

International Workshop on Parsing Technologies（IWPT）

National Conference on Artificial Intelligence（AAAI，年会）

Neural Information Processing Systems（NIPS，年会）

附录 C　参考文献

〔1〕A. Aho and T. Peterson, A Minimum DistanceError-Correcting Parser for Context-Free Languages, SIAM J. Computing, Vol. 1, No. 4, 1972.

〔2〕A. Aho and J. Ullman, 1977. Principles of Compiler Design, Addison-Wesley.

〔3〕Aho, A. V. Sethi, R. and Ullman., J. D. 1986. Compilers: Principles, Techniques and Tools, Reading. MA: Addison-Wesley.

〔4〕Allen, J. F. 1984. Towards a general theory ofaction and time, Artificial Intelligence 23 (2): 123—154.

〔5〕Allen, J. F. 1995. Natural Language Understanding, The Benjamin/Cummings Publishing Company, Inc., Redwood City. CA.

〔6〕L. R. Bahl, F. Jelinek, and R. L. Mercer. A Maximum Likelihood Approach to Continuous Speech Recognition. IEEE Transaction on Pattern Analysis and Machine Intelligence, PAMI-5: 179—190, March 1983.

〔7〕Barwise, J. and Parry J. 1983. Situations and Attitudes. Cambridge, MA: Bradford Books. MIT Press.

〔8〕Berwick, R. et al (eds) 1991. Principle-based Parsing: Computation and Psychlonguistics, Kluwer Academic Publishers, The Netherlands.

〔9〕S. Billot and B. Lang, 1989. The Structure of Shared Forests in Ambiguous Parsing. In Proceedings of the 27th Annual Meeting of the ACL.

〔10〕E. Black, R. Garside, and G. Leech. Statistically-Driven Computer Grammar of English: The IBM/Lancaster Approach. Rodopi B. V., Amsterdam-Atlanta, 1993.

〔11〕M. R. Brent. From Grammar to Lexicon: Unsupervised Learning of Lexical Syntax. Computational Linguistics, 19 (2): 243—262, 1993.

〔12〕Eric Brill. Transformation-Based Error-Driven Learning and Natural Language Processing: A Case Study in Part-of-Speech Tagging. Computational Linguistics, 21 (4): 543—565, 1995.

〔13〕T. Briscoe and J. Carroll, "Generalized Probabilistic LR Parsing of Natural Language (Corpora) with Unification-Based Grammars", Computational Linguistics19 (1), 1993.

[14] P. F. Brown, J. Cocke, S. Della-Pietra, V. J. Della-Pietra, F. Jelinek, J. D. Lafferty, R. L. Mercer, and P. S. Roossin. A Statistical Approach to Machine Translation. Computational Linguistics, 16 (2): 79—85, 1990.

[15] P. F. Brown, J. C Lai, and R. L. Mercer. Aligning Sentences in Parallel Corpora. In Proceedings of the 29th Annual Meeting of the Association for Computational Linguistics, pages 169—176, 1991.

[16] P. F. Brown, V. J. Della-Pietra, P. V. deSouza, J. C. Lai, and R. L. Mercer. Class-Based N-gram Models of Natural Language. Computational Linguistics, 18 (4): 467—479, 1992.

[17] P. F. Brown, S. A. Della-Pietra, V. J Della-Pietra, and R. L. Mercer. The Mathematics of Statistical Machine Translation: Parameter Estimation. Computational Linguistics, 19 (2): 263—311, 1993.

[18] J. Carbonell and R. Brown, 1988. Anaphora Resolution: A Multi-Strategy Approach, COLING-88.

[19] J. Carbonell and P. Hayes, 1983. Recovery Strategies for Parsing Extra-grammatical Language, American Journal of Computational Linguistics, Vol 9 (3-4).

[20] G. Casella and R. L. Berger. Statistic Inference. Duxbury Press, Belmont, California, 1990.

[21] P. Cheesman, J. Kelly, M. Self, J. Stutz, W. Taylor, and D. Freeman. AutoClass: a Bayesian Classification System. In Proceedings of the Fifth International Conference on Machine Learning, Pages 54— 64, San Mateo, California, 1988. Morgan Kaufmann.

[22] S. F. Chen. Baysian Grammar Induction for Language Modeling. In Proceedings of the 33th Annual Meeting of the ACL, Massachusetts Institute of Technology, Cambridge, Massachusetts, USA, 1995.

[23] Chomsky, N. 1956. Three Models for the Description of Language. IRE Transactions PGIT 2: 113—124.

[24] Chomsky, N. 1980. Lectures on Government and Binding, Foris Publications.

[25] Lonnie Chrisman. Learning Recursive Distributed Representations for Holistic Computation. Connection Science, 3: 345—366, 1991.

[26] Computational Linguistics, 1992. Special Issue on Inheritance: I, II, Computational Linguistics (2), (3).

[27] T. M. Cover and J. A. Thomas. Elements of Information Theory. John Wiley & Sons, INC. , New York, 1991.

[28] D. Cutting, D. Karger, J. Pedersen, and J. Tukey. Scattergather: a Cluster-Based Approach to Browsing Large Document Collections. In SIGIR'92, ACM, New York, 1992.

[29] A. P. Dempster, N. M. Laird,

and D. B. Rubin. MaximumLikelihood from Incomplete Data via the EM Algorithm. Journal of the Loyal Statistical Society, B. 39, 1977.

〔30〕 Earley, J. 1970. An Efficient Context-free Parsing Algorithm, CACM 13 (2), pp. 94—102.

〔31〕 D. Fass and Y. Wilks, 1983. Preference Semantics, Ill-Formedness, and Metaphor, American Journal of Computational Linguistics, Vol 9 (3—4).

〔32〕 Fillmore, C. J. 1968. The Case for Case. In E. Bach and R. Harms (eds.) Universals in Linguistic Theory. NY: Holt Rinehart and Winston, 1—90.

〔33〕 Fillmore, C. J. 1977. The Case for Case Reopened. In P. Cole and J. Sadock (eds.). Syntax and Semantics. Vol 8: Grammatical Relations. NY: Academic Press. 59—81.

〔34〕 L. Frazier. Sentence processing: A tutorial review. In M. Coltheart, editor, Attention and Performance. 1987.

〔35〕 King-Sun Fu and Taylor L. Booth. Grammatical Inference: Introduction and Survey-Part I. IEEE Transaction on Systems, Man, and Cybernetics, SMC-5 (1): 95—111, 1975.

〔36〕 Fujisaki, F. Jelinek, J. Cocke, E. Black, and T. Nishino. A Probabilistic Parsing Method for Sentence Disambiguation. In Proceedings of the International Parsing Workshop, 1989.

〔37〕 W. A. Gale, K. W. Church, and D. Yarowsky. A Method for Disambiguating Word Senses in a Large Corpus. Computers and Humanities, 1992.

〔38〕 Gazdar, G., Klein, E., Pullum, K. and Sagl. 1985. Generalized Phrase Structure Grammar. Oxford: Basil Blackwell.

〔39〕 E. Gibson, Parsing with Principles: Predicting a Phrasal Node Before Its Head Appears, 1st International Workshop on Parsing Technologies, 1989.

〔40〕E. M. Gold. Language Identification in the Limit. Information and Control, 10: 447—474, 1967.

〔41〕 I. J. Good. The Population Frequencies of Species and the Estimation of Population Parameters. Biometrika, 40 (December): 237—264, 1953.

〔42〕Grosz, B et al. (eds.) 1986. Readings in Natural Language Processing. Morgan Kaufmann Publishers, Inc. CA.

〔43〕Grosz, B. and Sdner, C. 1986. Attention, Intention, and the Structure of Discourse. Computational Linguistics 12 (3).

〔44〕Grosz, B. and Sdner, C. 1990. Plans for Discourse. InCohen et al (1990) Intions in Communication. Cambridge, MA: MIT Press, 417—444.

〔45〕 D. Hindle and M. Rooth. Structural Ambiguity and Lexical Relations. Computational Linguistics, 19 (1), 1993.

〔46〕D. Hindle. Noun Classification from Predicate-Argument Structures. In Proceedings of the 28th Annual Meeting of the Association for Computational Linguistics, 1990.

[47] Hobbs, J. 1979. Coherence and Co-reference. Cognitive Science 3 (1) 67—82.

[48] Hobbs, J. et al 1993. Interpretation as Abduction. Artificial Intelligence 63 (1-2) 69—142.

[49] J. Hopcroft and J. Ullman, Introduction to Automata Theory, Languages, and Computation, Addison-Wesley, 1979.

[50] A. N. Jain. Parsec: A connectionist learning architecture for parsing spoken language. Technical Report CMU-CS-91-208, Carnegie Mellon University, 1991.

[51] F. Jelinek and E. L. Mercer. Interpolated Estimation of Markov Source Parameters from Sparse Data. In D. Gelsema and L. Kanal, editors, Pattern Recognition in Practice. North-Holland, 1980.

[52] F. Jelinek. Fast Sequential Decoding Algorithm Using a Stack. IBM Journal of Research and Development, 13 (December): 675—685, 1969.

[53] K. Jensen, G. Heidorn, L. A. Miller, and Y. Ravin, Parse Fitting and Prose Fixing: Getting a Hold on I11-formedness, American Journal of Computational Linguistics, V. 9 No. 3—4, 1983.

[54] Joshi, A. 1975. Tree Adjunct Grammars., J. Comput. Syst. Sci. Vol. 10 (1).

[55] Kamp, H. 1981. A Theory of Truth and Semantic Representation. In Gro-enendijk, J., et al (eds.) Formal Methods in the Study of Language. Amsterdam, Amsterdam Press.

[56] Kaplan, R. and Bresnan, J. 1982. Lexical-Functional Grammar: A Formal System for Grammatical Representation. In Bresnan, J. (ed.), The Mental Representation of Grammatical Relations. Cambridge, MA MIT press.

[57] S. M. Katz. Estiamtion of Probabilities from Sparse Data for the Language Model Component of a Speech Recognizer. IEEE Transactions on Acoustics, Speech and Signal Processing, ASSP-35: 400—401, 1987.

[58] Kay, M. 1980. Algorithm Schemata and Data Structures in Syntactic Processing, in RNLP.

[59] J. Kimball. Seven Principles of Surface Structure Parsing in Natural Language. Cognition, 2: 15—47, 1973.

[60] Lang, B. 1989. A Generative View of I11-Formed Input Processing, ATR Symposium on Basic Research for Telephone Interpretation (ASTI), Kyoto, Japan.

[61] Lavie, A. and Tomita, M. 1993. GLR * -An Efficient Noise-skipping Parsing Algorithm for Context Free Grammars. In Proceedings of the 3rd International Workshop on Parsing Technologies, Tilburg, the Netherlands.

[62] Lenat, D. and Guha, L. 1990. Building Large Knowledge-Based Systems,

Addison-Wesley, Reading, MA.

〔63〕D. Magerman and M. Marcus, 1991. Pearl: A Probabilistic Chart Parser. In the Proceedings of the European Chapter of ACL.

〔64〕D. Magerman and C. Weir, 1992. Efficiency, Robustness and Accuracy in Picky Chart Parsing. In Proceedings of the 30th Annual Meeting of the ACL.

〔65〕Maida, A. S. and Shapiro, S. C. 1982. Intensional Concepts in Propositional Semantic Networks, Cognitive Science 6 (4), pp. 291—330.

〔66〕S. Malone and Sue Felshin, An Efficient Method for Parsing Erroneous Input, 1st International Workshop on Parsing Technologies, 1989.

〔67〕Marcus, M. 1980. A Theory of Sytactic Recognition for Natural Language. MIT

〔68〕J. L. McClelland and D. E. Rumelhart, editors. Parallel Distributed Processing. The MIT Press, 1986.

〔69〕J. L. McClelland and D. E. Rumelhart. On learning the past tenses of english verbs. In J. L. McClelland and D. E. Rumelhart, editors, Parallel Distributed Processing. The MIT Press, 1986.

〔70〕G. Miller, R. Beckwith, C. Fellbaum, D. Gross, and K. J. Miller. WordNet: an On-line Lexical Database. International Journal of Lexicography, pages 235—245, 1990.

〔71〕Moore, R. 1989. Unification-Based Semantic Interpretation. In Proceed-ings of the 27th Annual Meeting of the ACL.

〔72〕Myers, G. 1992. A Four Russians Algorithm for Regular Expression Pattern Matching, Journal of the ACM, Vol. 39 (4), pp. 430—448.

〔73〕A. Nadas. On Turing's Formula for Word Probabilities. IEEE Transactions on Acoustics, Speech and Signal Processing, ASSP-33 (December): 1414—1416, 1985.

〔74〕Allen Newell and Herbert A. Simon. Human Problem Solving. Prentice-Hall, Englewood Cliffs, N. J., 1972.

〔75〕H. Ney and U. Essen. On Smoothing Techniques for Bigram-Based Natural Language Modelling. In ICASSP, pages 825—828, 1991.

〔76〕H. Ney and U. Essen. Estimating 'Small' Probabilities by leaving-One-Out. In Eurospeech, pages 2239—2242, 1993.

〔77〕N. Nilsson. Problem-Solving Methods in Artificial Intelligence. McGraw Hill, New York, New York, 1971.

〔78〕Nozohoor-Farshi, R. 1989. GLR Parsing for ε-grammars, In Proceedings of the 1st International Workshop on Parsing Technologies, Pittsburg, PA.

〔79〕Pereira, F. C. N. 1985. "Characterization of Attachment Preferences. In D. Dowty et al (eds.). Natural Language Parsing. NY, Camb U. Press, pp. 307—319.

〔80〕Pereira, F. C. N. and Warren,

D. H. D. 1980. Definite Clause Grammars for Language Analysis-A Survey of the Formalism and a Comparison with Augmented Transition Networks, Artificial Intelligence 13 (3), pp. 231—278.

[81] J. Piaget and B. Inhelder 1941. Le Developement des Quantites chez L' enfant, Neuchatel: Delachaux it Niestle, 1941. (A Translated Chinese Version).

[82] Pollard, C. and Sag, I. 1987. Information-Based Syntax and Semantics. Vol. 1 Fundamentals. CSLI Lecture Notes 13. Chicago, Chicago U. Press.

[83] Quillian, M. R. 1968. Semantic Memory. In M. Minsky (Ed.), Semantic Information Processing. MIT Press, Cambridge, MA.

[84] Philip Resnik. A Class-based Approach to Lexical Discovery. In Proceedings of the 30th Annual Meeting of the ACL, student session, pages 327—329, 1992.

[85] H. Saito and M. Tomita, GLR Parsing for Noisy Input, in Generalized LR Parsing, M. Tomita (ed.), Kluwer Academic Publishers, Boston, 1991.

[86] Schabes, Y. 1991. Polynomial Time and Space Shift-Reduce Parsing of Arbitary Context-Free Grammars. In Proceedings of the 29th Annual Meeting of the ACL.

[87] Schabes. Y. and Joshi, A. 1989. Parsing with Lexicalized Tree Adjoining Grammar, In Proceedings of the 1st International Workshop on Parsing Technolo-gies, Pittsburg, PA.

[88] Schank, R. C (ed.) 1975. Conceptual Information Processing. Amsterdam: North-Holland.

[89] Schank, R. C. and Abelson, R. 1977. Scripts, Plans, Goals and Understanding. Hillsdale, NJ: Lawrence Erlbaum.

[90] Hinrich Schütze. Context Space. In Working Notes, Fall Symposium Series, pages 113—120. AAAI, 1992.

[91] Hinrich Schütze. Word Sense Disambiguation with Sublexical Representation. In Working Notes, Statistically-based NLP Techniques, pages 109—113. AAAI, 1992.

[92] Searle, J. R. 1975. Indirect Speech Acts, In P. Cole and J. Morgan (eds.), Syntax and Semantics. Vol. 3: Speech Acts. New York, Academic Press.

[93] Sells, P. 1985. Lectures on Contemporary Syntactic Theories. Chicago, Chicago U. Press.

[94] S. Seneff, A Relaxation Method for Understanding Spontaneous Utterances, DARPA Workshop on Speech and Natural Language Workshop, 1992.

[95] Simmons, R. and Yu, Y. 1992. The Acquisition and Use of Context-Dependent Grammars for English, Computational Linguistics, Vol 18 (4), pp. 391—418.

[96] A. Stolcke and S. M. Omohundro. Best-first Model Merging for Hidden Markov Model Induction. Technical Report TR-94-

003, International Computer Science Institute, Berkeley, California, 1994.

〔97〕B. Slator and Y. Wilks, PREMO: Parsing by conspicuous lexical consumption, 1990.

〔98〕Sleator, D. and Temperley, D. 1993. Parsing English with a Link Grammar. , IWPT-93.

〔99〕Solso, R. L. 1988. Cognitive Psychology. Allyn Bacon, Inc. , Newton, MA.

〔100〕A. Stolcke and S. M. Omohundro. Inducing Probabilistic Grammars by Bayesian Model Merging. In Proceedings of the Second International Colloquium on Grammatical Inference and Applications. Springer Verlag, 1994.

〔101〕T. Strzalkowski and B. Vauthey, Fast Text Processing for Information Retrieval, DARPA Speech and Natural Language Workshop, 1991.

〔102〕M. Tomita, Efficient Parsing for Natural Language, Kluwer Academic Publishers, 1985.

〔103〕M. Tomita (ed.), Generalized LR Parsing, Kluwer Academic Publishers, Boston, 1991.

〔104〕Vijay-Shankar, K. 1992. Using Descriptions of Trees in Tree Adjoining Crammar. Computational Linguistics 18, 4.

〔105〕Y. Wang, J. Lafferty, and A. Waibel. Word Clustering with Parallel Spoken Language Corpora. In Proceedings of the 1996 International Conference on Speech and Language Processing (ICSLP96), Philadelphia, USA, 1996.

〔106〕R. Weischedel and N. Sondheimer, Meta-rules as a Basis for Processing Il1-Formed Input, American Journal of Computational Linguistics, V. 9 No. 3—4, 1983.

〔107〕R. Weischedel, etc. Partial Parsing: A Report on Work in Progress, DARPA Workshop on Speech and Natural Language Workshop, 1991.

〔108〕Weng, F. 1993. Handling Syntactic Extra-grammaticality. In Proceedings of the 3rd International Workshop on Parsing Technologies, Tilburg, the Netherlands.

〔109〕Weng, F. L. and Stolcke A. (1995). Partitioning Grammars and Composing Parsers. In the Proceedings of the 4th International Workshop on Parsing Technologies, Prague, the Czech Republic.

〔110〕Xu, L. J. 1986. Towards a Lexical-Thematic Theory of Control, The Linguistic Review.

〔111〕徐烈炯, 1988. 生成语法理论. 上海外语教育出版社。

〔112〕Y. Wilks, An Artificial Intelligence Approach to Machine Translation, in Computer Models of Thought and Language, R. Schank and K. Colby (eds), W. H. Freeman Co. 1973.

〔113〕Y. Wilks, A Preferential Pattern-Seeking Semantics for Natural Language Inference. Artificial Intelligence 6: 53—74, 1975.

〔114〕Woods, W. A. 1970. Transition Network Grammar for Natural Language Analysis. CACM 13, 591—906

〔115〕Woods, W. A. 1975. What's in a Link: Foundations for Semantic Networks. In Boborow D. and Collins A. (eds.). Representaion and Understanding: Studies in Cognitive Science. NY, Academic Press.

〔116〕Woods, W. A. 1980. Cascaded ATN Grammar. AJCL 6, 1: 1—12.